CW01626491

Gerts Fredagsfräckisar

Gerts Fredagsfräckisar

Som svenska folket har berättat dem

Insamlade av Gert Fylking

B. WAHLSTRÖMS

wwww.wahlstroms.se

© MTG Radio 2006
Utgiven av B. Wahlströms Bokförlag AB
i samarbete med MTG Radio 2006
Omslagsfoto Olle Holdar
Sättning Mallverkstan i Uppsala
Tryck ScandBook, Falun 2006

ISBN 10: 91-32-33352-8
ISBN 13: 978-91-32-33352-1

Innehåll

Förord

I fem års tid har jag nu inom ramen för RIX MorronZoo – trots Tittis ivriga protester, genom Rogers iver och för att jag skiter blankt i vad chefen, ”det lilla äcklet”, anser – berättat Fredagsfräckisar. Jag önskar härmed rikta ett stort och varmt tack till hela Sveriges folk som har bidragit med dem. Utan er, kära vänner, inga fräckisar. Jag har bara återberättat det ni har berättat för mig. Tack!

Gert

Fräcka barn

En mamma och en pappa tog sin sexårige son till en nudiststrand. När pojken promenerade längs stranden noterade han att några av kvinnorna hade större bröst än hans mamma och frågade varför det var så.

- Ju större bröst en person har, desto dummare är personen, svarade mamman.

Pojken nöjde sig med det svaret och sprang ner för att leka i vattnet. Efter ett tag återvände han för att berätta att många av männen hade större snopp än hans pappa.

- Ju större den är, desto dummare är mannen, svarade mamman än en gång.

Pojken nöjde sig med svaret och sprang åter igen ner för att leka i vattnet. Efter en stund återvände han igen till sin mamma för att berätta om sin senaste upptäckt.

- Pappa pratar med den dummaste tjejen på stranden och ju längre han pratar, desto dummare blir han!

Anneli, Nyköping

De båda bröderna, fem och sju år, står och turas om att titta genom nyckelhålet till föräldrarnas sovrum. Femåringen vänder sig till storebror och säger:

- Det var det värsta! Och mig skickar dom till psykologen för att jag suger på tummen!

Mattias, Nyköping

Lille Albin gick i första klass och skulle ha sin första lektion i sexualundervisning. Fröken föreslog att alla barnen skulle fråga sina föräldrar hur de hade kommit till världen.

På kvällen frågade lille Albin sin mamma hur han hade blivit till och mamman svarade att storken hade kommit med honom, precis som den hade kommit med henne själv, med pappa, mormor, morfar, farmor, farfar, mormors mor och mormors far och så vidare.

Lille Albin memorerade detta noga innan han gick och la sig.

Dagen därpå var han ivrig att berätta för sin fröken. Hon upptäckte hans iver och lät honom berätta först av alla.

- Jag har kommit med storken, precis som min mamma, pappa, mormor, morfar, farmor, farfar, mormors mor och morfars far och så vidare. Så fröken ska veta att i min släkt har vi inte knullat på över 200 år!

Kalle, okänd ort

Tre små flickor stod på en balkong och på gatan nedanför stod tre splitternya bilar, en Lamborghini, en Ferrari och en Maserati. Då sa en av flickorna:

- När jag blir stor ska jag bli advokat och då ska jag köpa en Ferrari.

Den andra flickan sa:

- När jag blir stor ska jag bli läkare och då ska jag köpa en Lamborghini.

Då sa den tredje flickan:

- När jag blir stor ska jag suga kuk som syrran, för det är hon som äger alla tre bilarna.

Peter, Sandviken

När lille Emil en dag öppnade dörren till badrummet visade det sig att mamma stod där och drog pappas snopp fram och tillbaka. Emil undrade på barns vis vad det var som försiggick. Hans mor fann sig snabbt och svarade:

- Jo du förstår, pappa har blivit lite rund om magen den

senaste tiden, så jag släpper bara ut lite luft ur honom.

Fadern log generat, men var lättad över hustruns kvicka svar.

- Det är ingen idé, sa Emil, så fort du åkt till väg till jobbet kommer granntanten och blåser upp honom igen.

Elisabeth, Stockholm

En dag ställde läraren en fråga medan Lisa sov:

- Vem skapade universum, Lisa?

När Lisa inte reagerade så tog lille Jonny, som satt bakom Lisa, sin penna och stack henne i ryggen.

- Åh herregud, skrek Lisa.

- Jättebra Lisa! sa läraren medan Lisa somnade om.

Efter en stund frågade läraren Lisa igen:

- Vem är vår herre och räddare?

Men Lisa reagerade inte heller denna gång eftersom hon fortfarande sov. Ännu en gång fanns Jonny där med sin penna och stack henne i ryggen, vän som han var.

- Jesus Kristus! skrek Lisa.

- Jättebra, sa läraren nöjt igen medan Lisa åter föll i sömn.

Sedan frågade läraren Lisa en tredje gång:

- Vad sa Eva till Adam efter att hon fått sitt tjugotredje barn?

Än en gång sov ju Lisa så Jonny fick rycka in med sin penna. Han böjde sig fram och petade på henne igen, men den här gången hoppade Lisa till och skrek:

- Om du sticker in den där jävla grejen i mig igen så kommer jag bryta den i två delar och trycka upp den i röven på dig!

Läraren svimmade.

Camilla, Stockholm

En klass skulle på skolresa. På kvällen kommer en av killarna, Oscar, in till fröken:

- Fröken, får jag sova hos dig, det gör jag alltid hemma.

- Okej, säger lärarinnan lite misstänksamt.

Tjugo minuter senare:

- Fröken, får jag ha min tumme i din navel, det har jag alltid hemma ...

- Okej, säger fröken.

Tjugo minuter senare:

- Men Oscar, det där är ju inte min navel!

- Det är inte min tumme heller ...

Mikael, Eskilstuna

Det var tre barn i tioårsåldern som satt och diskuterade livets väsentligheter. Den ene sa:

- Min mamma, hon har en STOR mun.

- Jaha, sa de andra, hur så?

- Jo, hon kan ta ett helt äpple i munnen och tugga det utan att öppna läpparna.

- Äh, det var väl inget, sa den andre, min mamma kan ta en banan, stoppa in den i munnen och sen stänga.

- Äh, det var väl inget, sa den tredje, igår sa min mamma till pappa att han skulle släcka sänglampan så skulle hon ta den i munnen ... Och ni ska veta att den lampan är minst en halvmeter hög!

Björn, Karlstad

En liten pojke kom för att äta sin frukost och frågade sin farmor:

- Var är mamma och pappa?

- De är fortfarande i sängen, svarade farmor.

Den lilla pojken började fnissa och så åt han upp sin frukost och gick sen ut för att leka. Pojken kom senare in för att äta lunch och frågade sin farmor igen:

- Var är mamma och pappa?

- De är fortfarande i sängen, svarade farmor.

Pojken fnissade och åt upp sin lunch och gick sen ut

igen för att leka. När pojken kom in för att äta middag frågade han sin farmor igen:

- Var är mamma och pappa?

- De är fortfarande i sängen, svarade farmor.

Den lilla pojken började skratta och farmor frågade:

- Vad är det? Varje gång jag talar om för dig att de är i sängen börjar du fnissa, vad är det som pågår?

Den lilla pojken svarar:

- Jo, när pappa kom in till mitt sovrum igår kväll och frågade efter vaselin, gav jag honom superlim!

Anders, Askersund

Lille Pelle kommer till skolan på morgonen och frågar fröken:

- Kan man komma till himlen med benen före?

- Nej, Pelle lille, det tror jag inte att man kan.

- Det var konstigt fröken. För när jag kom hem från skolan igår så låg mamma med benen rakt upp i vädret och skrek: Ohhh gud, jag kommer! Ohhh gud, jag kommer!

- Och jag tror faktiskt att hon hade gett sig iväg om inte brevbäraren hade legat ovanpå och hindrat henne.

Mikael, Eskilstuna

Lille Erik överraskade sina föräldrar genom att rusa in i deras sovrum på natten. Han frågade dem vad de höll på med eftersom båda låg under täcket och rörde sig på ett konstigt sätt.

- Ehh ... vi spelar poker, svarade pappan.

Nästa dag stormar Erik in i storasysterns rum. Hon och pojkvännen befann sig även de under täcket.

- Vi spelar poker, sa storasystern.

Senare på kvällen saknades Erik vid matbordet och pappan gick upp för att hämta honom på hans rum. Där såg han hur Erik låg under täcket och hur handen rörde sig upp och ner.

- Vad gör du? frågade pappan.

- Jag spelar poker, svarade Erik.

- Men då måste man var två, sa pappan.

- Nej, svarade Erik, inte om man har en så bra hand som jag har.

Anna, Järfälla

Kalle och hans pappa var ute och gick och passerade ett hus som hade fullt av blinkande lampor.

- Vad är det för hus? undrade Kalle.

- I det huset kan man köpa glädje, svarade pappan.

Nästa dag fyllde Kalle fem år och fick då lite pengar

av sin mormor. Kalle gick då till glädjehuset för att köpa lite glädje. När han gått in kom det fram en stor dam och Kalle frågade henne om han fick köpa lite glädje. Damen tänkte: Vad kan man ge en femåring? Hon gick till köket och bredde fyra stora mackor med sylt på och gav dem till Kalle. När Kalle kom hem frågade pappan var han varit och Kalle svarade då stolt att han varit i glädjehuset. Pappan frågade nervöst vad som hände.

- Jo, dom tre första orkade jag med, men den sista slickade jag bara av!

Mikael, Eskilstuna

Fröken höll en tomat bakom ryggen och frågade klassen:

- Vad håller jag i handen som är runt, rött och smakar gott?

Lasse chansade:

- Ett äpple!

- Det var rätt tänkt, men det var en tomat. Men nu håller jag i något som är runt, gult och smakar gott.

Lasse försöker igen:

- En apelsin!

- Det var rätt tänkt, men det var ett plommon.

Nu härsknade Lasse till och ville testa fröken.

- Vad är det som jag håller i fickan som är hårt, tre tum

långt och har ett huvud i ena änden?

- Tyst Lasse! Några fräckisar vill jag inte veta av.

- Det var rätt tänkt fröken, men det var en tretumsspik!

Margaretha, Husum

Ett gäng tjejer hade möhippa för sin väninna och det blev vin, strippande grabbar, spex och upptåg, men även presenter. Den ena presenten var en svart monsterdildo.

Dagen efter när den blivande frun satt i bilen på väg hem så sneglade hon på monstret som låg i framsätet bredvid henne. Hon tänkte att detta kunde hon inte hålla på med utan vevade ner rutan och slängde ut dildon, varpå den landade på bilen bakom – rakt på pryda Berits vindruta. I bilen satt även hennes son Åke sju år.

- Vad var det? skrek Åke.

Mamman, som ju var pryd, svarade lugnt:

- Det var en insekt, lille vän.

- Ja, jag vet, men vilken jävla balle den hade!

Rolle, Valdemarsvik

Lilla Johan och lilla Stina står och gnabbas om vem som är bäst, våran bil är större än er, min pappa är starkare än din osv. Efter många turer tröttnar Johan och drar ner brallorna och säger triumferande:

- Men du har i alla fall ingen sån här!

Stina kollar, hissar upp kjolen, drar ner trosorna och säger:

- Äh, vadå, jag har en sån här och med den kan jag få hur många såna där jag vill!

Peter, Stockholm

Hela familjen (pappa, mamma och två små barn i förskoleåldern) sitter vi frukostbordet en söndagsmorgon. Alla har tallrikar fulla av mannagrynsgröt framför sig. Några minuter senare utbyter föräldrarna blickar och lusten tar fart. Mamma skjuter ifrån sig sin tallrik, lägger handen på pannan och viskar:

- Gud, vilken huvudvärk, jag vill inte äta upp min gröt, jag ska gå och lägga mig istället. Och så går hon upp till sovrummet på övervåningen.

Pappan äter snabbt som f-n upp sin gröt och springer efter. Barnen sitter och tittar på varandra och kan inte förstå vad som händer med föräldrarna. Den äldsta skickar iväg minstingen för att kolla läget. Minstingen går upp i smyg nerför trappan, tittar några sekunder i nyckelhålet, springer snabbt ner och börjar kasta i sig gröten. Det äldsta barnet fattar ingenting.

- Vad händer där uppe?

Minstingen som håller på att kvävas av gröten får frustande fram:

- Där uppe ... där uppe ... där uppe får den som inte äter upp sin gröt en riktig omgång av pappa.

Lars, okänd ort

- Mamma, hur kom jag till egentligen? frågade femårige Erika sin mamma.

- Jo, sa mamma, du förstår att när pappas spermier befruktar ett ägg i min mage så gror det till ett litet barn.

- Ja, men hur får du spermierna i magen, sväljer du dom?

- Nej, sa mamma, inte när jag ska ha barn. Men när jag vill ha en ny dräkt så händer det ...

Tobbe, Luleå

I lille Olas klass frågade fröken vad alla skulle bli när de blev stora. Flickorna ville bli fotomodeller och flygvärdinnor, killarna brandmän och snickare. Men lille Ola ville bli playboy.

- Varför? frågade fröken.

- De åker fina bilar, dricker fin sprit och knullar fina tjejer, svarade Ola.

Lärarinnan blev upprörd och gav honom en smäll. Resultatet blev detsamma när Ola berättade om sitt val för mamman. Nästa morgon berättade han för fröken att han ändrat sitt yrkesval.

- Jag ska bli miniplayboy, sa Ola.

Fröken undrade då vad en sån gör.

- Cyklar, dricker saft och runkar, svarade Ola.

Nicklas, okänd ort

Evert, nio år, satt på polisstationen – han hade rymt hemifrån. Polisen frågade varför han rymt och Evert svarade:

- Innan jag somnade igår kväll, hörde jag hur mamma och pappa var väldigt bekymrade över hur amorteringarna på huset skulle kunna betalas. Senare vaknade jag av ljud från deras sovrum, där jag hörde pappa stönandes säga:

- Nu, nu drar jag mig ur.

Mamma svarade stönande:

- Vänta, vänta lite ... jag kommer snart ...

- Så då tänkte jag att det var ingen idé att stanna kvar ensam och ta hand om amorteringarna, jag är ju för fasen bara nio!

Daniel, Umeå

Lille Tony hade nyligen börjat skolan och visade redan nu konstnärlig talang. En dag i skolan säger fröken under pågående lektion:

- Jag måste ringa ett samtal, men det går fort.

När hon gått ut säger Tony:

- Jag ska skoja lite med fröken.

Han går fram till katedern, ritar en fluga och springer sen snabbt tillbaka och sätter sig. Fröken kommer tillbaka, sätter sig vid katedern och börjar helt plötsligt slå på den. En, två, tre gånger, sen tittar hon noggrant och ser att det är en ritad fluga. Fröken säger med sträng ton:

- Vem har gjort detta?

Till slut räcker lille Tony upp handen och stammar lite:

- Det var jag fröken.

- Kom fram här Tony, säger fröken.

Lille Tony går fram och fröken lägger sin hand på Tonys axel och säger:

- Det kommer att bli något stort av dig Tony. Du ritade så äkta att jag trodde att det var en riktig fluga.

Då sken lille Tony upp och sträckte på sig och sa:

- Det var väl inget, fröken, du skulle ha sett när jag ritade en fitta på sofflocket hemma. Då stukade farsan kuken två gånger!

Micke, Kalmar

Lille Magnus var åtta år, och liksom andra pojkar i sin ålder var han väldigt nyfiken. Han hade hört ganska mycket om det där med sex från de andra pojkarna, och undrade hur det egentligen gick till. En dag frågade han sin mamma, som blev väldigt generad, och istället för att förklara sa hon åt honom att gömma sig bakom gardinen en kväll och titta på sin äldre syster och hennes pojkvän. Detta gjorde han.

Följande morgon beskrev Magnus allting för sin mamma så här:

Först satt syrran och hennes kille och snackade ett tag, sen släckte han nästan alla lampor och började krama och pussa henne. Jag tror att syrran höll på att bli sjuk, för hennes ansikte såg så lustigt ut. Han måste ha tyckt det också, för han la sin hand innanför hennes blus för att känna på hjärtat, precis som en doktor skulle ha gjort. Fast han var inte lika duktig som en doktor, för han verkade ha problem med att hitta hjärtat. Jag tror att han höll på att bli sjuk också, för snart hade båda två börjat flämta och var alldeles andfådda.

Hans andra hand måste ha varit kall, för han stoppade in den under hennes kjol nu. Syrran blev värre, hon började stöna, sucka, grymta och vrida sig, och hon halkade nästan av soffan. Det var då febern kom! Jag vet att det var feber för syrran sa att hon kände sig riktigt het. Till slut fick jag reda på vad det var som gjorde de två så sjuka.

En stor ål hade krupit in i hans byxor på nåt vis, den bara hoppade ur hans byxor och stod där ungefär 25 cm lång, jag svär! Han tog i alla fall i den för att hindra den från att smita. Syrran blev riktigt rädd när hon såg den, hennes haka föll ner och hon började ropa på gud och liknande. Hon sa att det var den största och längsta hon någonsin sett! Jag kunde ha berättat om dem som finns i sjön. Syrran blev plötsligt modig och försökte döda den genom att bita av huvudet på den. Plötsligt gurglade hon och släppte taget på ålen, jag slår vad om att den bet henne. Därefter tog hon tag i den med båda händerna och höll den stadigt medan killen tog fram en munkorg ur sin ficka och drog den över ålen. Syrran lade sig tillbaka och särade på benen så att hon kunde få ett saxgrepp om den, han hjälpte till genom att ligga ovanpå ålen. Ålen slog emot av bara farten och syrran började stöna och vrida sig och hennes kille nästan välte soffan. Jag antar att de ville döda ålen genom att mosa den emellan sig ... Efter ett tag slutade ålen att röra sig och syrran och hennes kille suckade stort. Hennes kille reste sig och se på fan, de hade dödat ålen. Jag vet att den var död för den bara hängde där och en del av innanmätet hängde ut.

Syrran och hennes kille var trötta efter kampen, men de började hångla igen ändå. Han började krama och kyssa henne, och titta, ålen var inte död! Den hoppade upp och började bråka igen. Jag antar att ålar är som katter, har två liv eller nåt sånt.

Den här gången försökte syrran döda den genom att sätta sig på den. Efter tjugofem minuters brottning så var ålen äntligen död. Jag vet att den var död den här gången, för jag såg syrrans kille skala av skinnet på den och spola ner det i toan.

Åsa, Oxelösund

Blandade fräckisar I

Kvinnan i dildoaffären:

- Vad kostar den gröna?
- 149 kronor.
- Den svarta då?
- 298 kronor.
- Och den i silver?

Då ropar expediten in mot lagret:

- Åke, säljer du din termos?

Eva-Lena, Vingåker

Ett äkta par och deras nio barn väntar på bussen. En blind man kommer också och ställer sig vid hållplatsen. När bussen äntligen kommer verkar den överfull och bara frun och barnen kommer med. Maken och den blinde mannen beslutar sig för att promenera istället.

Efter en stund har maken blivit irriterad på det knackande ljudet från den blindes käpp och säger:

- Varför sätter du inte gummi på änden av käppen, det där knackande ljudet gör mig vansinnig.

Den blinde mannen svarar:

- Om du hade satt gummi på din käpp, så hade vi fått plats på bussen ... så håll käften.

Okänd avsändare

Det var en underbar vårdag, solen sken, fåglarna kvittrade och det var helt vindstilla. Som så många andra hade Sture beslutat sig för att ta en rejäl promenad i skogen. Medan han strosade omkring där och njöt i den starka vårsolen blev han allt pilskare. Vad som skulle göra denna dag helt perfekt vore ett rejält skjut, tänkte han. Då dök en ladugård upp. Här kanske man kunde hitta en liten piga, tänkte Sture och tittade in. Nej, ingen piga här, men han gick in ett rum intill och vad stod där om inte bondens mjölkmaskin. Han var inte sen att trä på själva sugmaskinen på sin lilla stolthet, detta var det underbaraste han någonsin känt, han glömde tiden och stod där och blev avsugen gång på gång. Så efter en timme kände han att han hade fått nog och började leta efter avstängningsknappen ... det fanns ingen! PANIIIK!

Han letade och letade, men det fanns ingen. Vad fan är det här, tänkte Sture, med maskinen ständigt sugande, vilket vid det här laget började bli minst sagt påfrestande. Han lugnade dock ned sig och tog sitt förnuft till fånga. På maskinen satt det nämligen en skylt med namnet till återförsäljaren och telefonnumret till denne. I rummet fanns det även en telefon, han kämpade sig fram och slog numret:

- Godmiddag, sa Sture, jag undrar hur man stänger av mjölkmaskinen "Pumposug 900-Turbo"?

- Jo, svarade en vänlig stämma, den stängs av automatiskt vid 25 liter.

Fru Hallberg, Västerås

En överförfriskad herre kom in på ett hotell i Målilla. Han hade allt sjå att ta sig in vilket inneburit att han näst intill åstadkommit ett mirakel för att ta de sista stegen. Han blev direkt förpassad på ytterdörren, men protesterade högljutt.

- Jag skall inte ha något mer att dricka. Jag har läst på nätet att det finns en "karltokig" tjej här i samhället och nu vill jag vara tillsammans med henne här en natt. Jag betalar 2 000 kr för det.

Hotellägaren kunde inte direkt avgöra att denne herre

inte kunde prestera något denna natt och dessutom var gästen ovanligt yr i mössan så han sa till gästen:

- Om du väntar här så skall jag fixa till detta om du ger mig pengarna.

Sagt och gjort. Hotellägaren sprang upp på ett rum och blåste upp en "Uppblåsbar Barbara", bäddade ner henne och sprang sedan ner till gästen och sa:

- Hon finns redan på rum 2 och önskar dig välkommen. Jag fixar frukost till dig imorgon så ha det så bra.

Redan vid åttatiden kom han ned och hotellägaren undrade:

- Hur gick det?

- Totalt åt helvete. Jag bet henne försiktigt i bröstvårtorna och då la hon av en jävla brakskit och bara försvann rakt ut i tomma intet,

Lasse, okänd ort

Snabbe Slim i Vilda Västern hade rykte om sig att vara otroligt snabb med sin revolver i duellerna men har var också väldigt snabb på att "sätta på kvinnorna" i de städer han passerade på sina hästritter i Vilda Västern. Nu hade Joe hört att snabbe Slim var på väg till hans stad och saloonen. Joe var rädd om sin fru och ville inte ha snabbe Slim på henne. Hur lösa detta problem? Jo, Joe tog med sig hustrun till saloonen och bad henne lägga upp sig naken på ett bord. Sedan tog han revolvern i högerhanden och stoppade in vänster tumme i frugans sköte. Nu var han beredd att ta emot snabbe Slim som inte skulle ha en chans. Snabbe Slim kom in på saloonen och spanade snabbt in Joes vackra hustru. Där stod de och Joes och Snabbe Slims blickar möttes. Just då landade en fluga på Joes näsa. Mycket irriterande. Joe funderade. Om han slog bort flugan med högerhanden skulle Snabbe Slim säkert hinna skjuta. Alltså säkrast att ta vänsterhanden. Sagt och gjort, Joe viftade till med vänsterhanden och så snabbt tillbaka med vänstertummen i arslet på Snabbe Slim.

Björn, Stockholm

Askungen hade fyllt 75 år. Efter ett långt liv med prinsen, som nu var död, satt hon ute på sin veranda en skön sommardag med sin hankatt Bob.

Helt plötsligt uppenbarade sig hennes goda fe och Askungen frågade:

- Min goda fe, vad gör du här efter alla år?

Den goda fen svarade:

- Askungen, du har levt ett perfekt liv sedan jag sist såg dig. Är det någonting du önskar dig djupt inne i ditt hjärta?

Askungen blev något förvånad, men lycklig, och tänkte efter ...

Sedan sa hon:

- Jag önskar att jag var rikare än jag kunde förstå.

Vips, så var hennes guldstol förvandlad till renaste guld.

Bob, hennes trogna gamla katt, hoppade upp i hennes knä, lite skräckslagen.

- Tack, min snälla fe, sa Askungen.

Fen svarade:

- Det var väl det minsta jag kunde göra för dig.

- Vad vill du ha som din andra önskan, Askungen?

Askungen tittade ner på sin gamla, sköra kropp och sa:

- Jag önskar att jag var ung igen.

På en gång förvandlades hon till en ung skönhet och hon kände hur vigören kom tillbaka.

Då sa den goda fen:

- Du får en önskan till, Askungen.

Askungen tittade på den förskrämda katten, och så sa hon:

- Kan du förvandla min katt Bob till en ung, snygg man?

Så stod Bob där, den tjusigaste unge man som hon någonsin hade sett. Han var så snygg att fåglarna i skyn föll ned vid hans åsyn.

Den goda fen sa:

- Ha det så bra i ditt nya liv!

Så försvann hon som en blixt i ett blått elektriskt sken. Under ett par minuter tittade Askungen och Bob varandra djupt i ögonen. Askungen satt som förstummad och beundrade denna urtjusiga karl. Då gick Bob sakta fram till Askungen som satt i sin gyllene gungstol, och kramade henne med sina muskulösa starka armar. Han böjde sig och blåste lätt i hennes hår och viskade:

- Nu ångrar du allt att du kastrerade mig ...

Håkan, Halmstad

Varning!

Härmed varnas du för ett lurendrejeri som har inträffat flera gånger. Detta hände mig utanför COOP Forum i Växjö, det kan hända dig också!

Så här fungerar tricket:

Två unga tjejer i 18-årsåldern kommer fram till din bil under tiden du packar in varor. De börjar putsa din vindruta. Samtidigt håller deras bröst på att ramla ur deras mycket små t-shirts. Det är omöjligt att inte titta på och när du därefter erbjuder dem en slant för deras insats så avböjer de.

Istället ber de snällt om lift till någonstans i närheten. Du säger självfallet ja och de hoppar in.

När ni så lämnar parkeringsplatsen börjar de ha sex med varandra i baksätet. Därefter kryper en av dem över passagerarsätet och börjar tillfredställa dig oralt, medan den andra stjäl din plånbok.

Min plånbok blev stulen förra lördagen, i måndags, två gånger i tisdags, i onsdags och idag igen.

Du är härmed varnad!

Okänd avsändare

På skylten utanför puben står det "Gratis öl till den som klarar testet". En kille blir nyfiken, så han går in och frågar bartendern vad testet går ut på.

- Först måste du svepa en liter tequila utan att röra en min, säger bartendern.

Han fortsätter:

- På bakgården finns det en alligator med en rutten tand, den måste du dra ut med dina bara händer. Och sist av allt, på tredje våningen finns det en kvinna som aldrig har fått orgasm, du måste se till så att hon får det.

Killen funderar ett kort tag och säger sedan:

- Hur gärna jag än skulle vilja ha gratis öl så är det inte värt det. Till att börja med måste man vara helt galen för för att dricka en liter tequila och sen blir det ju bara värre och värre.

Tiden går och efter att killen har druckit ett par stora starköl, svamlar han fram:

- Va e den där tequilan?

Han får flaskan och klunkar i sig hela litern utan att röra en min. Därefter raglar han ut genom bakre utgången och snart hör gästerna en massa stök och bök från bakgården varpå det blir tyst. Då snubblar mannen in i baren igen med kläderna sönderslitna och en massa rivmärken över hela kroppen.

- Så där ja, säger han stolt.

- Var är den där kvinnan med den ruttna tanden?

Larsson, Göteborg

Arne till Åke:

- Nu är gåtan löst om vem som egentligen har konstruerat kvinnan.

- Vem är det då? frågar Åke.

- Naturligtvis en kommunaltjänsteman, ingen annan kan väl vara så dum att man lägger vatten och avlopp så nära ett stort nöjesfält!

Robbe, Växjö

En man kom in på apoteket med armen i luften och ena handens fingrar utsträckta.

- Vill du ha handsalva? frågade apotekaren.

- Nej, svarade mannen, fem st Viagra, för jag får besök av fem vackra damer som kommer med bussen i eftermiddag.

Efter helgen kom han åter tillbaka till apoteket, men då med båda armarna uppsträckta och alla fingrarna spretande.

- Jag förstår, sa apotekaren, tio st Viagra.

- Nej, sa mannen, handsalva! De fem vackra damerna dök inte upp!

Christian, Heby

Det var två killar som var hos läkaren, den ena hade en röd ring runt snoppen och den andra en svart ring. Han med en röd ring gick in först och kom skuttande glad ut igen, det var ingen fara. Men när han med svart ring gick in så skakade läkaren på huvudet och sa:

- Inte bra, aj, aj, det var illa.

- Men han med röd ring kom ju ut skuttande glad?

- Det är skillnad mellan läppstift och kallbrand.

Johan, Lindesberg

En man gick till doktorn för att höra varför hans penis blivit gul. Läkaren undersökte, tog prover och kliade sig i huvudet bekymmersamt och frågade mannen:

- När upptäckte du att din penis blivit gul?

- På kvällarna, sen går det bort lite till morgonen, svarade mannen.

- Jag måste fråga, vad gör du på kvällarna? frågade läkaren.

- Tittar på porrfilm och käkar ostbågar ..., svarade mannen.

Frans, okänd ort

Dagen var fastställd och tre av brudgummens vänner – en snickare, en elektriker och en tandläkare – diskuterade vilka hyss de skulle hitta på för brudparet i samband med bröllopsnatten.

Snickaren menade att om han sågade av sängbenen så skulle de få något att skratta åt.

Elektrikern bestämde sig för att koppla ström i sängen.

Tandläkaren ville inte säga vad han skulle göra, men lovade de andra att hans hyss skulle bli ihågkommet för alltid.

Bröllopet och tillhörande festligheter gick som planerat och några dagar senare fick brudgummens vänner följande brev:

"Bästa vänner!

Vi ber att få tacka för alla lyckönskningar med anledning av vårt bröllop och alla ansträngningar att göra detta oförglömligt. Vi hade inget emot att sängbenen var avsågade och rasade ihop då vi lade oss, ganska kul faktiskt! Elektrostöten var först en chockartad upplevelse, men som sen faktiskt visade sig ha en positiv effekt på manligheten. Men – får jag fatt i den idiot som hade blandat lokalbedövning i vaselinburken, då djävlar ..."

Annelie, Örebro

Två killar står och tittar på ett spermaprov i biologilabbet. Då kommer skolans snyggaste tjej, Bettan, in och frågar:

- Vad tittar ni på?

- Ett salivprov.

Gossarna avlägsnar sig och Bettan studerar ivrigt provet. Då träder biologiläraren in.

- Vad tittar Bettan på då?

- Ett salivprov, magistern.

Läraren studerar provet en stund och säger sedan:

- Jag tycker nog att Bettan borde skölja munnen bättre på mornarna.

Fredrik, Uddevalla

Tonårsflickan är hos gynekologen för första gången.

- Jag har aldrig klätt av mig framför en man, säger flickan.

Gynekologen funderar en kort stund:

- Jag har ett förslag. Vi släcker ljuset, och när du är klar så säger du till.

Efter en stund frågar flickan:

- Var skall jag lägga mina kläder?

- Lägg dom ovanpå mina bara.

Per, Kil

Hörde i morse att ni gav Janne Boklöv credit för v-stilen. Helt fel, det har varit känt bland kvinnor sedan urminnes tider att särar man på benen vid rätt tillfälle kan man komma betydligt längre än sina konkurrenter ...

Jocke, Luleå

En svensk delegation på studieresa gör ett besök på ett amerikanskt sjukhus för att studera förhållandena där. På en avdelning ser de en man som ligger naken på sin säng och onanerar frenetiskt.

- Förfärligt! Hur kan ni tillåta sådant här? frågar en äldre chockad dam i den svenska delegationen.

Den amerikanska läkaren förklarar:

- Den här stackars mannen lider av en ovanlig och allvarlig sjukdom i testiklarna, som snabbt fylls av sperma. Om han inte lättar på trycket minst åtta, tio gånger om dagen så får han fruktansvärda smärtor och det finns risk att testiklarna helt enkelt exploderar.

Jaha, nickar svenskarna som om de har hört talas om sjukdomen förut.

På nästa våning passerar de en sjuksal där en sjuksköterska just är igång med att ge en av patienterna en avsugning. Svenskarna är stumma av upprördhet, men så utbrister den äldre damen:

- Hur förklarar ni det här?

Den amerikanska läkaren rycker på axlarna:

- Samma sjukdom men bättre försäkring.

Katrin, Huddinge

Det var en gång en spermie som låg i hårdträning. Han tränade och tränade, simmade och simmade för att göra sig redo för det stora loppet. Tiden gick och han kände sig i toppform. Sen kom den dag då han kände att nu, nu är det äntligen dags för "The Real Thing". Han gjorde sig redo och simmade utav bara fan. Han var så snabb att han ledde loppet redan efter halva sträckan, när han plötsligt såg två figurer som satt på varsin pall längs banan. I förbifarten ropade han till dem båda:

- Ni vet väl att det gäller att simma utav helvete om man skall ha någon chans till seger?

Då svarade de två:

- Inte fan vet vi något om det, vi är tandtroll!

Magnus, Flen

De tre döttrarna gifte sig alla på samma dag. Eftersom mamma var lite orolig för hur deras sexliv skulle bli fick hon dem att lova att de skulle skicka ett vykort till henne från smekmånaden, med ett par ord om hur de upplever sex inom äktenskapet.

Den första dottern skickade ett kort från Hawaii två dagar efter bröllopet. På kortet stod endast ett ord: "Nescafé." Mamman var först lite förbryllad, men gick sedan ut i köket och hämtade burken med Nescafé. På den stod "Good to the last drop". Mamman rodnade men var glad för dotterns skull.

Den andra dottern skickade ett kort från Vermont en vecka efter bröllopet och på kortet stod: "Benson & Hedges". Nu visste mamman att hon skulle gå direkt och hämta sin mans cigaretter, och hon läste på paketet "Extra long king size". Mamman blev lite generad, men självklart blev hon glad för sin dotters skull.

Den tredje dottern åkte till Karibien på sin smekmånad. Mamman väntade en vecka, men inget kort. Ännu en vecka gick och fortfarande inget kort. Sen efter en hel månad kom äntligen ett kort. Med väldigt darrig handstil stod det att läsa: "British Airways". Mamman tog fram sin senaste Harper's Bazaar Magazine och medan hon befarade det värsta bläddrade hon igenom sidorna. Slutligen hittade hon annonsen för British Airways. Där stod att läsa: "Three times a day, seven days a week, both ways."

Åsa, Ockelbo

Johan gick och var småsur, det var fel på jobbet, fel på arbetskamraterna, fel på kaffet, fel på chefen, fel på ...

Till slut tröttande chefen och sa till på skarpen:

- Gör mig en tjänst! Ta ledigt resten av dagen. Åk hem och dra över frugan och kom tillbaka imorgon. Du skall se att det gör dig gott och att du blir på bättre humör.

Johan stämplade ut och gick. Nästa dag kom Johan tillbaka, sken som en sol och var på ett underbart humör.

Chefen kallade till sig honom och frågade:

- Hur gick det?

- Det var kanon! Hon var helt vild! Vi älskade hela förmiddagen.

- Jag sa ju att du skulle må bättre!

- Ja, tack skall du ha för tipset! Himla trevligt hus ni bor i förresten.

Björn, Vejbystrand

En dag klagade Lasse till en vän:

- Min armbåge gör väldigt ont, jag tror jag måste beställa en tid hos läkaren.

Vännen svarade:

- Gör inte det! Apoteket har nämligen fått in en ny datamaskin som ställer diagnos snabbare än en vanlig läkare. Ge den bara ett urinprov så kommer maskinen att ge dig en diagnos på problemet och vad du skall göra åt det. Det kostar bara 100 kr.

Lasse tänkte att han inte hade något att förlora så han fyllde ett glas med ett urinprov och gick iväg till apoteket. Han hällde i innehållet och stoppade en hundring i apparaten. Maskinen började brumma och små lampor blinkade. Efter en liten paus kom en papperslapp fram där det stod:

- Du har tennisarmbåge.

- Doppa armbågen i varmt vatten.

- Undvik tunga lyft och att röra armbågen för mycket.

- Du blir bättre efter någon månad.

Senare på kvällen tänkte Lasse på hur otrolig den nya tekniken var, och hur det skulle revolutionera läkarsystemet för alltid. Då började han fundera på om det gick att lura maskinen, så han bestämde sig för att prova.

I en burk blandade han kranvatten, urinprov från hunden, dottern och frugan och som "pricken över i:et", onanerade han i burken. Nästa dag gick han iväg till Apoteket med burken, hällde blandningen i maskinen och stoppade i 100 kr.

Maskinen brummade och blinkade och ut kom en lapp med följande innehåll:

- Vattnet i kranen är för hårt, skaffa avhärdningsfilter.

- Din hund har mask. Ge en avmaskningskur och vitaminer.

- Din dotter missbrukar kokain. Skicka henne på rehabilitering.

- Din fru är gravid. Det är inte ditt barn, skaffa en advokat.

- Om du inte slutar onanera så blir din tennisarmbåge aldrig bättre.

Tomas, Hudiksvall

En man hade tatuerat sin frus namn Hilda på sin penis. I slakt tillstånd syntes endast HA. När han besökte herrtoaletten fick han se en färgad man bredvid honom som också hade bokstäverna HA på sitt organ.

- Heter din fru också Hilda? frågade mannen.

Den färgade mannen svarade:

- Nej, på min står det: "Hello and welcome to the wonderful land Jamaica!"

R.S, Bromölla

Två kvinnor i medelåldern satt i bastun och jämförde sina bröst. Den ena hade förhållandevis fasta och välformade bröst medan den andra hade väldiga hängbröst.

- Det var väldigt vilka hängbröst du har! sa kvinnan med de välformade.

- Ja, svarade den andra, det beror nog på att min man tycker så mycket om att klämma och dra i dem.

- Ja, det gör min man också, svarade kompisen, men vi sover i samma rum ...

Lisa, Ljusdal

Bra, sämre och värst

Bra: Din make och du kommer överens om att inte skaffa barn.
Sämre: Du kan inte hitta dina p-piller.
Värst: Din dotter har lånat dem.

Bra: Din son studerar väldigt mycket på sitt rum med tillbommad dörr.
Sämre: Du hittar ett flertal porrfilmer där.
Värst: Du är med i dem.

Bra: Din make förstår sig på mode.
Sämre: Han gillar att gå klädd i kvinnokläder.
Värst: Han ser bättre ut i dem än vad du gör.

Bra: Din son har äntligen blivit vuxen.
Sämre: Han har ett förhållande med grannen.
Värst: Det har du med.

Bra: Du pratar blommor och bin med dottern.
Sämre: Hon avbryter dig hela tiden.
Värst: Och berättar hur det går till nu för tiden.

Tobias, Karlstad

Den äkta mannen går in i sovrummet där hans fru håller på att packa en resväska.

- Vad ska du göra? frågar mannen.

- Jag ska flytta till Stockholm, svarar kvinnan. Jag har hört att på Malmskillnadsgatan får de prostituerade 2 000 kr för det som jag ger dig gratis.

Senare på kvällen får frun se maken packa sin resväska. När hon frågar honom vad han ska göra, svarar han:

- Jag följer med dig till Stockholm. Det ska bli mycket intressant att se hur du klarar dig på 4 000 kr om året!

Mikael, Eskilstuna

En man står i en hotellobby och kommer på att han måste fråga receptionisten något. När han vänder sig om för att gå till disken, råkar han stöta ihop med en kvinna som står bredvid honom, hans armbåge slår emot hennes bröst. Båda blir ganska så överraskade. Mannen finner sig snabbt och säger till kvinnan:

- Fröken, om ert hjärta är lika mjukt som ert bröst, så vet jag att ni förlåter mig.

Varpå kvinnan svarar:

- Om er penis är lika hård som er armbåge så finns jag i rum 436.

Fia & Martina, Jönköping

En man sitter hemma och tittar på ishockey-VM när hans fru frågar:

- Kan du fixa lampan i hallen?

Han tittar snett på henne och säger:

- Ser jag ut som en elektriker?

- Men kan du fixa kylskåpsdörren då? frågar frun.

- Ser jag ut som en kylmontör kanske? svarar mannen.

- Jamen, du kan väl åtminstone fixa trappsteget vid ytterdörren, säger frun.

- Jag är ingen snickare heller och fixar inga trappsteg! fräser mannen. Ser det ut som om det står Järnia i pannan på mig? Nu räcker det, jag går ner till puben istället.

Han går till puben och dricker i några timmar, sen börjar han att få lite dåligt samvete och bestämmer sig för att gå hem och laga de trasiga sakerna. När han kommer hem märker han att trappsteget är lagat, att lampan i hallen fungerar och att kylskåpsdörren är hel.

- Men älskling, hur har det här gått till? frågade mannen.

- Tja, efter att du hade gått satte jag mig på trappan och grät lite, svarade kvinnan. Då passerade en ung man som frågade vad det var som var fel och jag svarade som det var. Han erbjöd sig att fixa alla sakerna om jag antingen hade sex med honom eller bakade en kaka.

- Så, vad valde du? frågade mannen.

- Men halláá! Ser jag ut som en konditor eller? svarade kvinnan.

Ulrica, Västerås

Den medelålders mannen hade problem med potensen. Hans husläkare skrev ut ett piller som var nytt på marknaden och det skulle tydligen göra underverk. Han skrev ut en dos som skulle räcka i två veckor. Efter att de två veckorna gått kom mannen tillbaka till läkaren på ett återbesök. Han hade stora påsar under ögonen och var utmattad, men med ett brett flin i ansiktet och sa:

- Perfekt ordination, perfekt!

- Det gläder mig verkligen, sa läkaren, vad tyckte din fru?

- Min fru? sa mannen. Fan, jag har inte varit hemma ännu ...

Roffe, Sundsvall

På Korsika

Korsikaner är ett stolt och tjurigt folk ... I denna korsikanska familj är pappa, mamma och dotter verkligen mycket lata. En kväll när dotterns kille skulle komma på besök diskuterar de vem som ska diska.

Pappan:

- Det är min lön ni lever på, jag tänker inte diska.

Dottern svarar:

- Jag diskade förra månaden.

Och modern säger:

- Det är ju jag som lagar maten, så jag diskar inte.

Efter en stund får pappan en idé.

- Jag vet hur vi gör, säger han, den första av oss som säger något diskar!

Mamma och dotter nickar och håller upp tummarna. Utanför kommer fästmannen på sin gamla rostiga cykel som säger "couic-couic" vid varje tramptag. Han ställer cykeln mot väggen och öppnar dörren.

- God afton, säger han glatt.

Lite överraskad av tystnaden sätter han sig bredvid dottern och mamman serverar soppan.

- Jättegod soppa, säger han efter en stund.

Inget svar. Vad han än säger är det ingen som svarar. Han tänker att han måste göra något för att få dem att reagera och hoppsan, han lägger ena handen på dotterns lår. Ingen reaktion. Han klämmer henne på brösten. Fortfarande ingen reaktion. Han tänker att detta är ju inte riktigt klokt, vad ska han göra ... Då lyfter han upp dottern, sätter henne på bordet, drar upp kjolen och sätter på henne. När han slutat sätter sig dottern igen och fortsätter att äta utan att säga ett ord. Den unge mannen exploderar:

- Det här är ju inte klokt! Ni är ett gäng dårar! Säg åtminstone att jag måste gifta mig med henne!

Han går ut, grenslar sin cykel och trampar iväg. "Couic-couic." Vilka galningar! "Couic-couic." Jag tog deras dotter på bordet och de sa ingenting! "Couic-couic." Jag skulle ha tagit morsan också, de skulle säkert inte ha sagt något då heller. "Couic-couic."

Morsan? Han svänger runt och vänder tillbaka. Han öppnar dörren, går fram till mamman, böjer henne över bordet, lyfter upp klänningen och sätter på henne också. Därefter går han sin väg med ett fånigt leende.

Han trampar iväg igen. "Couic-couic." Vilken familj! "Couic-couic." Vilken jävla kväll! "Couic-couic." Och den här förbannade cykeln som för ett satans oväsen! "Couic-couic." Jag står inte ut längre, det här gnisslet gör mig tokig! Han vänder tillbaka till familjen, öppnar dörren och skriker:

- Har ni något smörjmedel?

Då reser sig pappan och säger:

- OK, OK, jag diskar...

Ove, Kjellan och Fredrik, okänd ort

En man kommer på sin kvinna flera gånger då hon är otrogen med andra män och får till slut nog och säger ifrån:

- Nu får du sluta att ligga med andra män.

- Ja, jag ska försöka, svarar kvinnan.

Nästa dag kommer mannen hem och hittar frun liggande med en dvärg. Då blir mannen förbannad och säger:

- Du lovade ju att sluta!

- Ja, jag håller på att trappa ner ..., svarar kvinnan.

Robbe, Växjö

Lille Kalle skulle in och mönstra för lumpen och när det var dags att gå till regementsläkaren fick alla killarna stå på rad. Läkaren skulle inspektera skinnpistolen och han började från ena hållet. Skinn av, skinn på, så gick han till nästa. Skinn av, skinn på och så fortsatte han hela raden fram tills det var Kalles tur. Skinn av, och så sprutade

Kalle läkaren i ansiktet. Läkaren skrek ursinnigt:

- Men vad i helvete sysslar du med?

Kalle svarar lite näpet:

- Jo, se ja va me frå berjan ja.

Joakim, Arvika

Kvinnan hade varit ute på krogen och kommer inte hem förrän morgonen därpå. Mannen undrar var hon varit och kvinnan svarar:

- Jag sov hos en vän.

Mannen ringer de tio närmaste väninnorna, men ingen har sett henne.

Mannen är ute på krogen och kommer inte hem förrän morgonen därpå. Kvinnan undrar var han har varit och mannen svarar:

- Jag sov hos en vän.

Kvinnan ringer hans tio närmaste vänner. Åtta svarar att mannen har sovit hos dem och två påstår att han fortfarande är där.

Ida, Karlstad

Blad ur hustruns dagbok:

Torsdag kväll

Maken var konstig idag. Vi hade bestämt träff på Stenmans idag för att dricka en kopp kaffe. Jag hade shoppat med väninnorna hela dagen och jag tänkte att han kanske var sårad för att jag var lite sen, men han sa ingenting om det. Samtalet flöt inte alls, han var tystlåten. Jag föreslog att vi skulle flytta oss så vi fick tystare platser i caféet, så vi kunde prata. Han gick med på det, men var tyst i alla fall. Jag frågade honom om han hade bekymmer och han svarade:

- Inget speciellt.

Jag frågade om det var mitt fel att han var tystlåten och han svarade:

- Det är inget du behöver bekymra dig om.

På vägen hem sa jag att jag älskade honom, han log och fortsatte att köra. Jag kunde inte förstå hans beteende och jag vet inte varför han inte besvarade min kärleksförklaring. Hemma kände jag att min man hade försvunnit långt bort, som om han inte längre ville hitta mig. Han bara satt och glodde på TV och verkade långt borta. Till slut gick jag och lade mig och han följde med efter en stund. Förvånande nog svarade han på min kärlek och på mina smekningar, vi älskade, men han kändes fortfarande långt borta. Kände att jag inte orkade längre, så jag tog upp saken med honom, men märkte att han redan somnat. Grät mig till sömns. Jag vet inte vad jag ska göra, är redan säker på att han har ett förhållande med en annan. Mitt liv är en katastrof!

Ett blad ur mannens dagbok:

Torsdag kväll

MODO Hockey förlorade idag, men jag fick knulla i alla fall.

Jocke, Örnsköldsvik

Det var fullt ös på sexshowen. När det var slut hördes inget bifall från publiken, så tjejen tog micken och sa:

- Var det så dåligt att det inte var värt en liten applåd en gång?

Då hördes ett skrik från bakre bordet:

- Det går ju inte att applådera med en hand!

Micke, Kristinehamn

Tonårsflickan frågar sin mor:

- Mamma, om jag varit ihop med en kille och blivit gravid, var kommer då barnet ut?

- På samma ställe som killen stoppade in penisen, svarade mamman.

- Sparkar den inte ut mina tänder då? frågade dottern.

Larsson, Göteborg

På äldre dar

En äldre gentleman och hans unga nyblivna fru firade bröllopsnatten på hotell. Morgonen efter kom unga frun stapplandes ner för trapporna. Portieren undrade om hon behövde hjälp, men hon svarade:

- Han sa att han sparat i 60 år, och jag trodde det var pengar ...

Mats, Umeå

Det gamla paret, båda 95 år, kom till doktorn och klagade över hjärtbesvär. Doktorn tog en massa prover, kände och klämde, lyssnade på lungor och hjärta osv. men hittade inget särskilt fel. Han började fråga paret om deras vanor och kom in på hur de hade det med "det där".

- Ja, sa gumman, vi hoppar på varandra ett par gånger

på morgonen och ett par på kvällen.

- Jaha, sa doktorn, där har vi problemet. I er ålder förstår ni väl att man inte kan hålla på så intensivt!

- Jo men ..., inflikade gubben, och gumman skruvade på sig som en skolelev som gjort bort sig.

- Kan ni inte hålla upp ett tag?

- Jo men ..., sa bägge.

Doktorn fattade att de skulle bli svåra att övertala, så han sa:

- Vi gör en kompromiss, låt säga att ni bara har sex de dagar det är ett "r" i, då blir det bara torsdag, fredag och lördag.

Ok, tyckte bägge, det kunde de väl gå med på. Så när de gått och lagt sig och vaknade dagen därpå, frågade gubben:

- Vad är det för dag idag?

Gumman svarade:

- Jag tror det är trisdag.

Anders, Sundbyberg

Gubben och gumman skulle försöka få till det i sängen, men gubben hade svårt med ståndet så gumman hämtade då raskt skohornet. Efter många om och men och med hjälp av skohornet så kom den in. Efter ett tag sa den ena äggstocken till den andra:

- Idag var nog sista gången vi fick se Petter-Niklas, han kom ju in på bår!

Mojsen, Stockholm

Gubben Nilsson hade fyllt nittio år och hade gott om pengar, vilket väl var anledningen till att han fått fatt i en tjugofemårig brud. Efter bröllopsnatten berättade han för de andra gubbarna:

- Vilken natt! En av mina söner lyfte upp mig i sängen på kvällen, och där blev jag kvar hela natten. På morgonen kom två av mina söner och lyfte ner mig.

- Men det behövdes ju bara en son på kvällen?

- Ja, men på morgonen gjorde jag motstånd ...

Roffe, Sundsvall

Ett äldre norrländskt par har en het stund inne i sovrummet, men plötsligt ringer det på dörren. Frun säger till gubben:

- Dä ringe' på dööra.

Gubben drar ur snoppen ... och stoppar in den igen.

Men kärringen säger åt gubben igen:

- Dä ringe' på dööra!

Gubben gör samma sak igen, men han hör dåligt och frun skriker högt:

- Dä ringe' på dööra!!!

Gubben säger förvånat:

- Jaså, jag tyckte du sa: Dän glide' in i rööva!

Marie, Sundsvall

En gammal gumma och gubbe sitter och stirrar på varandra i dagrummet på ålderdomshemmet. Plötsligt säger gubben:

- För tjugo kronor så pippar jag dig i gungstolen där borta.

Tanten tittar lite förvånat på honom, men säger ingenting. Gubben fortsätter:

- Fast för femtio kronor så gör jag det där borta i den sköna soffan och om du har en hundring så får du följa med mig till rummet på en romantisk middag och en helkväll som du aldrig tidigare upplevt.

Tanten säger fortfarande ingenting men börjar rota runt i handväskan och får slutligen upp en skrynklig hundralapp. Gubben tar pengarna och ler:

- Jaså, du vill ha en romantisk helkväll alltså?

- Skärp dig! svarar tanten, jag skall ha fem omgångar i gungstolen.

Floffan, okänd ort

Janne besökte sin 83-årige far på ålderdomshemmet. Gubben ser pigg och kry ut.

- Du verkar vara i fin form farfar, hur har du det?

- Bara bra, svara den gamle.

- Hur är maten?

- Jättegod. Idag fick vi pannbiff med lök och den var nästan som Huldas.

- Tar de väl hand om dig?

- Jag sköts som ett spädbarn. De unga sköterskorna kan verkligen få en att må toppen.

- Hur är det med sömnen då?

- Somnar som en stock. Varje kväll får jag en kopp varm choklad och en Viagra och sen törnar jag in i minst åtta timmar.

Janne blir en smula konfunderad över gubbens sista svar, så han uppsöker avdelningssköterskan.

- Min farfar berättade just att ni ger honom en kopp varm choklad och Viagra varje kväll. Det kan väl ändå inte vara möjligt?

- Jodå, svarar sköterskan, chokladen gör honom sömnig och Viagran hindrar honom från att rulla ur sängen.

Martina, Varberg

En 80-årig man är på sin årliga läkarkontroll och läkaren undrar hur han mår. Mannen säger att han aldrig mått bättre och berättar att hans artonåriga fru är gravid med hans barn.

Läkaren tänker en stund och säger sen:

- Låt mig berätta en historia. Jag känner en kille som är en hängiven jägare. Han missar aldrig en jakt, men en dag råkade han ta med sig ett paraply istället för geväret. Så står han där i skogen och mot honom kommer en jättelik björn. Han höjer paraplyet mot björnen, kramar handtaget, och vet du vad som händer?

Efter att ha funderat ett tag svarar den gamle mannen:

- Nej.

Läkaren säger:

- Björnen föll ner död framför honom.

Den gamle utbrister:

- Det är ju omöjligt! Någon annan måste ha skjutit björnen.

- Det är ungefär dit jag vill komma, svarar läkaren.

Linda, Stockholm

En riktigt gammal man var på pensionärsdans. Problemet var att han inte hade haft sex på mycket länge. Han hade dansat med alla gamla tanter hela kvällen, men inte fått napp.

Frustrerad gick han till slut fram till en gammal tant och sa:

- Jag har inte fått något hugg på hela kvällen. Skulle du kunna tänka dig att rulla runt i sänghalmen med mig? Du får tvåhundra spänn!

- OK, jag är inte den som säger nej till tvåhundra spänn, säger kärringen.

De tar färdtjänst hem till honom och efter ett kort förspel drar de sig mot sängen. Han njuter verkligen av sexet och kan inte låt bli att förundras över hur trång hon är, trots hennes ålder. Han antar att hon är oskuld. Efter den underbara akten rullar han av henne och pustar:

- Wow damen, hade jag vetat att du var oskuld skulle du ha fått femhundra spänn.

Förvånad svarar hon:

- Om jag vetat att du faktiskt skulle få stånd, hade jag tagit av mig trosorna.

Sara, Örnsköldsvik

De var ett äldre par som hade problem med sexlivet och hade så haft i ett par år, men nu skulle de äntligen göra något åt saken. De gick till doktorn som gjorde en massa tester på både mannen och kvinnan, men kunde inte hitta något fel, så han skickade hem dem. Det gick ett tag och de var fortfarande besvikna på sitt sexliv så de gick tillbaka till doktorn. Han började fundera och efter en stund kom han på en idé, paret skulle leta upp en ung, snygg, atletisk man med en stor apparat som skulle stå brevid sängen och vifta med en handduk under deras samlag.

Sagt och gjort letade de reda på en kille som ville följa med dem hem. Väl hemma klädde alla tre av sig kläderna och gick till sovrummet där gubben klev på och jobbade ett bra tag, men inget hände. Killen viftade med handduken och gumman bara låg där och efter ett tag fick gubben nog och ville byta. Killen klev då på och det dröjde inte länge förrän det gick för gumman en gång, två gånger, tre gånger osv. under en timme. Gubben viftade med handduken hela tiden och när gumman och killen var klara tar gubben handduken, trycker ihop den till en liten boll och kastar den hårt i bröstet på killen och säger:

- Så ska en handduk viftas!

Mattias, Boden

Internationella relationer

En prostituerad kvinna i Polen hade tatuerat in en bild av Gorbatjov på högra låret och Reagan på det vänstra. När det sedan kom en ryss för att köpa tjänster sa hon:

- Du slipper att betala om du vet vilka dessa är.

Ryssen svarade:

- Den högra är Gorbatjov, men den på det vänstra låret vet jag inte.

Han fick betala.

Sedan kom en amerikan till henne, även han skulle slippa att betala om han visste vilka de två männen var. Han sa:

- Han på vänster lår är Reagan, han på det högra vet jag inte.

Han fick betala.

Sedan kom en tysk dit och kvinnan sa samma sak till honom. Tysken tänkte en lång stund och sa sedan:

- Han till vänster vet jag inte, han till höger vet jag inte, men den rödhåriga i mitten med stora läppar är iallafall Boris Becker!

Marcus, Kristianstad

I en stor årlig simtävling på en älv i Finland, var Pekka från de djupa skogarna som vanligt den store favoriten. Förutom att han hade god simteknik, var han synnerligen välutrustad.

En bit efter starten såg man plötsligt hur Pekka blev allt långsammare och kom i mål som 79:a. Efter att ha vunnit de senaste fyra åren var sensationen ett faktum och speakern frågade Pekka varför han plötsligt tog slut:

- Jo, jak fikk se tre nakna flikkor på stranden, okk då plötsligt gikk den ner till potten.

- Varför vände du dig inte och simmade ryggsim då?

- Jo men, sa Pekka, tu vet proarna.

Roffe, Sundsvall

At the immigration desk, somewhere in Europe:

- Name?

- Abu, Dalah Sarafi.

- Sex?

- Four times a week.

- No, no, no, male or female?

- Male, female... sometimes camel.

Elisabeth, Stockholm

En jude och en norrlänning satt i bastun då juden sa:

- Jag ser att du också är omskuren.

- Omskuren? sa norrlänningen. I Norrland kallas det för slitage!

Elisabeth, Stockholm

Det var en finsk motorcyklist som var ute och åkte när han fick syn på en tjej som stod och försökte lifta. Han körde naturligtvis fram till tjejen och frågade om hon skulle med, hon hoppade upp och de åkte iväg. Efter ett tag kände finnen att han var hungrig, så han stannade till vid en restaurang. När de hade klivit av så tyckte han att det vore bra att presentera sig. Han sträckte fram handen och sade:

- Matti Musa.

Då svarade tjejen:

- Nää, men jag har lite ont i rumpan!

Marcus, Karlstad

Det var en svensk kille som åkte ner till Australien och började jobba på en oljeplattform. Veckorna gick och han kände sig väldigt ensam för det fanns ingen annan från Sverige där. Men så en dag kommer det två norrmän till plattformen och de tre blir allra bästa vänner. Varje dag efter jobbets slut går de tre grabbarna ner till puben på plattformen, och detta håller på i flera månader tills svensken omkommer i en tragisk olycka. Då säger den ene norrmannen till den andre:

- Nu måste vi kolla en sak på svensken innan de fraktar bort kroppen härifrån.

- Vadå? säger den andre norrmannen.

- Jo, vi måste kolla om han har två rövhål!

- Men herregud, man kan väl inte ha två rövhål?

- Joooo, men har du inte hört vad bartendern säger varje gång vi kommer in på puben? Here comes the Swede with the two assholes again!

Peter, Ulricehamn

Pekka kommer hem från finska vinterkriget och bankar på dörren. Frun skriker:

- Vem bankar?

Pekka svarade:

- Det är jag, öppna för satan!

Hustrun blev utom sig av glädje och ropar:

- Åh Pekka, Pekka, har du längtat efter mig?

Då svarar Pekka:

- Vad satan tror du jag bankar med?

Linda, Huddinge

En invandrare som nyligen kommit till Sverige fick precis sitt första jobb som spärrvakt i tunnelbanan. Han kunde inte det svenska språket så bra, men eftersom hans jobb var att sitta och stämpla biljetter, behövde han inte lära sig så mycket annat än stationernas namn till en början. Glad som han var ser han sin första resenär, en kvinna, komma fram till båset med sin åkremsa i handen, hon säger:

- Jag ska åka till Fittja.

Killen kollar konstigt på henne och får ur sig:

- Va do oka?

Hon upprepar "Fittja" och han tittar lite snabbt på kartan, men förstår inte så mycket. Kvinnan, som har bråttom, börjar peka mot sitt skrev. Detta gör mannen lite obekväm och han säger:

- Vad do villa?

Kvinnan börjar lacka ur och drar ner kjolen och trosorna och pekar hysteriskt. Då blir mannen lättad och säger:

- Ahhhh, Stora Mossen?

Helena, okänd ort

Två stumma kompisar träffades över en fika och då visade det sig att den ene helt plötsligt kunde prata efter alla år. Den andre blev naturligtvis nyfiken på hur det hade gått till.

- Jo, jag åkte ner till Nigeria och träffade en läkare som lärde mig tala.

Den andre killen blev helt till sig och fick namnet på läkaren. Då han kom ner till Nigeria och besökte läkaren så blev han ombedd att ta av sig alla kläderna helt och lägga sig över britsen med rumpan upp i vädret. Killen blev naturligvis fundersam, men eftersom han ville lära sig tala gjorde han som läkaren sa. Då han låg där med arslet i vädret steg det in en stor svart kille. Han drog ner sina byxor och tryckte in sin stora grej i baken på killen, som då skrek:

- AAAAAA!

- Bra, sa läkaren, imorgon lär vi oss B.

Bosse, okänd ort

En amerikan och en ryss var på besök i norra Sverige. De hade fått en norrlänning som guide och han hade tagit med dem för att fiska. De satt tysta i sin lilla eka, kvällen hade tagit vid, vinden hade lagt sig och det var spegelblankt på sjön. Det enda som hördes var lite fågelkvitter på avstånd – med andra ord rådde total harmoni.

Amerikanen var den som bröt tystnaden först, han ville skryta lite och tittade upp mot stjärnorna som nu börjat lysa på himmelen och sa:

- Skickar vi upp alla sateliter vi har så ser vi inte en stjärna på natten och solen skyms på dagen.

Tystnad rådde i båten igen. Efter en stund var det ryssens tur att bryta tystnaden. Han ville inte vara sämre och sa:

- Sänder vi ut alla båtar vi har i vår flotta så täcker vi världens alla hav och man får inte ens ner en eka mellan dem.

Tystnad rådde i båten igen.

Efter en lång stund och en del överlägsna blickar från de båda mot norrlänningen, i undran om han skulle säga något, så tog slutligen norrlänningen till orda och sa:

- När jag var ute och pissade i morse kom tolv kråkor och satte sig på pitten.

Tystnad rådde åter i båten och de satt där en bra stund innan harmonin åter infann sig efter deras utspel. Amerikanen och ryssen funderade över vad norrlänningen sagt och efter ett tag ångrade sig amerikanen lite. Han harklade sig och sa ångerfyllt:

- Jo, de där satelliterna ... man ser nog en del stjärnor i

alla fall och solen lyser upp det mesta ändå.

Nu började även ryssen att skruva ångerfyllt på sig i båten. Efter en stund ville han inte vara sämre, utan tog tillbaka sitt uttalande genom att säga:

- Jo, de där båtarna, man får nog ner en del ekor här och där ändå.

De båda vände nu blickarna mot norrlänningen och väntade sig en revision av hans berättelse också. Efter en lång stund av tystnad harklade sig norrlänningen till slut och sa:

- Jo, de där kråkorna ... ska sanningen fram, så var det ganska glest mellan dem också...

Stefan, Jönköping

Det var en afrikan, en tysk och en kines som var ute och gick. Plötsligt kommer de fram till en vägspärr och vakten säger:

- Om ni inte tillsammans har en meter snopp kommer ni inte igenom här.

Shit, tänkte de, nu är det kört, men afrikanen säger lugnt:

- Det är inga problem.

Han tar fram sin penis som mäter 90 cm.

Sen tar tysken fram sin och den mäter 9 cm. Sen var det kinesens tur och hans mätte 1 cm. Så de kom precis igenom och allt var bra. Sen började afrikanen ta på sig äran för att det var han som räddat dem:

- Vilken tur att jag hade 90 cm snopp.
- Vilken tur att jag hade 9 cm, säger då tysken.
- Vilken tur att jag hade stånd då, säger kinesen!

Emil, Kållekärr

Om man är soldat i finska armén har man två möjligheter. Antingen dör man eller så överlever man. Överlever man så är det ju bra med det, men dör man har man två möjligheter. Antingen blir man begravd ensam eller i en massgrav. Blir man begravd i massgrav så är det väl bra med det, men blir man begravd ensam har man två möjligheter. Antingen blir man en blomma eller ett träd. Blir man en blomma så är det väl bra med det, men blir man ett träd så har man två möjligheter. Antingen blir man skrivpapper eller så blir man skithuspapper. Blir man skrivpapper så är det väl bra med det, men blir man skithuspapper har man två möjligheter. Antingen hamnar man på herrtoan eller så hamnar man på damtoan. Hamnar man på herrtoan är det väl bra med det, men hamnar man på damtoan har man två möjligheter. Antingen används man där fram eller där bak. Blir man torkad med där bak är det väl bra med det, men blir man torkad med där fram så är det inte så dumt att vara soldat i finska armén.

Gustav, Gnosjö

Gudomligt fräckt

Den nya prästen var ute i socknen för att bekanta sig med församlingborna. På en gård var endast pigan hemma och prästen hälsade och sa:

- Är lilla fröken lika vit i själen som i skinnet så ses vi i himlen när tiden är inne.

Pigan var inte sen att svara:

- Är pastorn lika styv i byxorna som i kragen, så kan vi ses i källaren om en kvart.

Robbe, Växjö

Den lille grå, oansenlige mannen i femtioårsåldern kom in på pastorsexpeditionen, gick fram till prästen och ville bikta sig.

- Det går bra, sa prästen, vad gäller saken?

- Det är så här, svarade mannen, att igår böjde min hustru sig fram över frysboxen, kjolen gled upp lite och jag kunde inte hejda mina lustar, utan drog upp kjolen helt och ner med trosorna och så satte jag på henne allt vad jag orkade.

- Var det er hustru alltså? frågade prästen.

- Ja, svarade mannen, vi har varit gifta i tjugoåtta år.

- Det här är inget att bikta sig för, svarar prästen, det är helt naturligt att ha samlag med sin egen hustru.

- Tack, det var skönt att höra, sade den lille mannen och gick.

Någon timme senare kom en liten alldaglig dam i femtioårsåldern in på pastorsexpeditionen, gick fram till prästen och ville bikta sig. Prästen frågade vad det gällde och damen berättade:

- Igår böjde jag mig fram över frysboxen och min man drog upp kjolen på mig, ner med trosorna och sedan hade vi samlag bakifrån. Det är förfärligt!

Prästen smålog och sade:

- Er man har redan varit här och berättat och jag säger till dig som jag sa till honom att det inte är någon synd att ha samlag inom äktenskapet.

- Så vi är välkomna till kyrkan om vi vill? frågade damen.

- Oh ja, ni är så välkomna till kyrkan.

- Det var skönt att höra, sa damen, för på ICA sa de att vi inte var välkomna längre.

Anna, Halmstad

Det var på den gamla goda tiden och kyrkoherden hade fått veta att det flyttat in en kvinna i ett litet torp i skogen. Torpet fick många manliga besökare.

Kyrkoherden bad klockaren att spänna för hästen så att han kunde åka ut och tala med kvinnan. Sagt och gjort, när han kom fram sa kyrkoherden till klockaren att stanna kvar i vagnen så skulle han gå in och prata med kvinnan.

Efter en tämligen lång stund kom kyrkoherden ut och sa:

- Här har ryktet farit med osanning, detta är en synnerligen god kvinna!

- Bra, svarade klockaren, knäpp då gylfen så åker vi.

Nicklas, Mellerud

Sent en kväll är två präster på väg till duschen. De tar av sig kläderna och hinner gå in i duschen innan de märker att tvålen är slut. Fader John säger att han har tvålar i sitt rum och eftersom rummet ligger nära bryr han sig inte om att klä sig, utan går till rummet som Gud skapat honom.

Han letar upp tvålen och går tillbaka med en tvål i varje hand. Halvvägs genom hallen ser han tre nunnor komma emot honom. För att inte avslöja sig ställer han sig utefter väggen och försöker att likna en staty.

När nunnorna kommer fram till honom så stannar de till och kommenterar hur levande han ser ut. Den första nunnan tar tag i hans mandom och drar. Detta gör honom så distraherad att han tappar en av tvålarna, varpå en av nunnorna utbrister:

- Åh, titta, en tvålhållare!

För att testa hennes teori gör den andra nunnan likadant, varvid han tappar den även den andra tvålen. Nu vill den tredje nunnan också försöka och hon drar en gång, två gånger, tre gånger, men när inger händer drar hon några gånger till. Sen utbrister hon:

- Maria Guds Mor – handkräm också!

Helena, Södertälje

Tre män stod utanför pärleporten. Sankte Per frågade den första mannen vad han använt pitten till nere på jorden. Han svarade att han till 95 % hade kissat med den och i övrigt använt den till kvinnor.

– Nää, du kommer inte in här, svarade då Sankte Per.

Samma fråga fick den andre mannen som svarade likadant. Och nej, han kom heller inte in. Den tredje mannen fick så frågan och han svarade att han till 5 % hade kissat med den och i övrigt använt den på kvinnor.

– Ja, du är välkommen in, sa Sankte Per.

De andra männen stod förbluffade och frågade varför de blev nekade inträde. Då tittade Sankte Per på dem och svarade:

– Men hörni, detta är ju himlen, ingen jävla pissoar!

Mats, Gävle

Två nunnor är ute och går. Den ena kallas Syster Matematik på grund av hennes skarpa matematiska sinne. Den andra kallas Syster Logik eftersom hon är så logisk. Här nedan kallas de för SM och SL.

De är som sagt ute och går, det blir mörkt och de är fortfarande långt ifrån klostret.

SM: Har du lagt märke till att det är en man som förföljer oss? Undrar vad han vill?

SL: Men det är ju logiskt, han vill våldta oss.

SM: Åh nej, med det här avståndet kommer han ikapp oss om femton minuter. Vad ska vi göra?

SL: Det enda logiska är att vi går fortare.

SM: Det funkar inte.

SL: Så klart det inte funkar, han gör ju det enda logiska; han går fortare än oss.

SM: Så vad gör vi nu? Med det här avståndet är han ikapp oss om några minuter.

SL: Det enda logiska är att vi delar på oss. Du går den vägen och jag den här, han kan inte följa efter oss båda två.

Mannen beslutar sig för att följa efter Syster Logik. Syster Matematik kommer fram till klostret välbehållen, men hon är mycket bekymrad för Syster Logik. Men så dyker hon upp.

SM: Syster Logik, gudskelov! Berätta vad som hände?

SL: Jo, det hände det enda logiska. Mannen kunde ju inte följa efter oss båda två. Så han valde mig.

SM: Ja, ja, det vet jag ju, men vad hände egentligen?

SL: Det enda logiska. Jag började springa så fort jag kunde och mannen började springa så fort han kunde.

SM: Och vad hände sen?

SL: Det enda logiska, han hann ikapp mig.

SM: Åh nej, vad gjorde du då?

SL: Det enda logiska, drog upp kjolen.

SM: Åh nej Syster, vad gjorde mannen då?

SL: Det enda logiska, han drog ner sina byxor helt.

SM: Åh nej! Vad hände då?

SL: Jamen, det är ju helt logiskt. En nunna med uppdragen kjol kan ju springa mycket snabbare än en man med neddragna byxor!

Tom, Södertälje

En präst kommer körande i sin bil på landsbygden och får syn på en nunna som står och väntar på bussen. Han stannar bilen och erbjuder henne skjuts till närmaste stad. Den unga nunnan tackar honom, lägger väskorna i baksätet och sätter sig på passagerarsätet bredvid prästen. Hennes nunnedräkt hasar upp när hon sätter sig och blottar hennes ena knä. Prästen kan inte lägga band på sig utan lägger sin hand på hennes knä. Nunnan tittar på honom och utbrister:

- Fader, kom ihåg vers 129!

Han drar snabbt bort handen och beklagar det inträffade, men han kan inte låta bli att kasta blickar på den unga nunnan. En stund senare glider handen återigen från växelspaken till nunnans knä.

- Fader, kom ihåg vers 129, påminner nunnan honom igen.

Han ursäktar sig än en gång och tar bort handen. De kommer fram och nunnan kastar en menande blick på prästen samtidigt som hon tackar honom för skjutsen. Prästen fortsätter hem och där skyndar han sig till psalmboken för att läsa vers 129. I vers 129 står det att läsa: Fortsätt att prova dig fram, det är enda vägen till salighet!

Slutsats: Den som inte uppdaterar sig i ämnen som rör arbetet kan gå miste om stora möjligheter.

Göran, okänd ort

En ung och naiv nunna hade fått tjänst på ett kloster. På plats skulle hon träffa abbedissan, men hon var tillfälligt upptagen så under tiden gick nunnan en promenad i trädgården. När hon strosar fram bland växterna blir hon upptäckt av trädgårdsmästaren som smugit efter henne tills hon vandrat in i ett lummigt område. Där stiger han fram och presenterar sig och talar om för nunnan att hon nu sett allt vad trädgården har att bjuda på, utom hans gren av livets träd som han har i byxorna. Han undrar om hon vill se den.

- Ja visst, svarar nunnan nyfiket.

Då släpper trädgårdsmästaren ner sina byxor till marken och säger att hon får känna på den om hon vill. Nunnan blir lyckligt överraskad och känner sig för, men samtidigt kommer hon ihåg att abbedissan säkert väntar på henne. Hon tackar för den heliga stunden och rusar upp till klostret. Efter att abbedissan välkomnat nunnan frågar hon vad nykomlingen tycker om anläggningen och i sin iver berättar nunnan om uppenbarelsen som trädgårdmästaren givit henne.

- Va, utbrister abbedissan förvånat och fortsätter: Har han den i byxorna, jag var ju hos honom förra veckan och då sa han att den var en trumpet! Jag blåste och sög, men fick inte fram ett ljud!

Kai, Överum

Bakvänt

På en restaurang kom en bög in och sa till ägaren:

- Jag skulle gärna vilja ha en bit mat för jag är så hungrig.

- Nää, jag kan inte ha bögar på min restaurang, då blir de andra gästerna bortskrämda.

- Jo, men snälla, jag är så grymt hungrig.

- Nej, nej, det kommer snart ett gäng vägbyggare som ska äta här och de hatar bögar!

- Jo, men jag kan sitta där borta i det hörnbåset och jag kommer inte att säga ett knyst. Det kommer inte att märkas att jag är här, snälla, jag är så hungrig.

- Ja, okej då, men då får du hålla tyst!

Bögen går och sätter sig i hörnbåset, beställer in mat som han får serverad efter en kort stund. Medan han sitter där och äter, kommer vägbyggarna in och sätter sig först vi bardisken för en öl. Efter en liten stund säger en av vägbyggarna:

- Fy fan, jag är så kåt att jag skulle kunna sätta på en ko!

Då hörs det från hörnbåset där bögen sitter:

- Muuuuu!

Peter, Fränsta

En liten mager vit kille stiger in i en hiss och när han tittar upp ser han en enormt stor svart man stående bredvid honom. Mannen ser att den lilla vita killen tittar på honom, så han säger:

- 210 cm lång, 120 kilo, 30 cm penis, 1 kg testiklar, Turner Brown.

Den lille vita killen svimmar och faller raklång till golvet. Mannen böjer sig ner och ruskar liv i honom och säger:

- Vad är det för fel på dig?

Med svag röst säger den lilla vita killen:

- Vad var det du sa till mig?

- Jo, eftersom du stirrade på mig så förmodade jag att du tänkte fråga det alla andra brukar göra när de ser mig och då sa jag, jag är 210 cm lång, väger 120 kilo, har en 30 cm lång penis, testiklar som väger 1 kg och mitt namn är Turner Brown.

- Tack gode Gud, jag tyckte du sa Turn Around!

Per-Erik, Timrå

Det unga paret blir överfallet i sitt hem och fastbundna i sängen. Pojkvännen viskar till sin flickvän:

- Det här är säkert en livsfarlig psykopat, du får inte reta upp honom. Om han vill ha sex med dig så gå med på det och säg att han var det bästa knull du någonsin haft.

- Vad bra att du känner på det viset, älskling, svarar flickvännen, för han sa just att han tyckte att din rumpa såg trång och fin ut.

Robbe, Växjö

Den sextonårige sonen kommer upprymd inspringandes till sin far.

- Farsan, jag har äntligen begått min sexuella debut!

- Åh fan, sätt dig och berätta.

- Nej, jag kan inte sitta.

Geit, Örsundsbro

Tolv blivande präster hade studerat hårt i många år för att bli färdiga präster. Nu stod de, spritt språngande nakna, uppradade i klosterträdgården inför det slutliga provet. Framför dem stod en enormt sexig, storbystad, ung nakenmodell iförd endast minimala kläder. Provet bestod av att den sexiga modellen skulle dansa framför prästkandidaterna som var och en hade en liten klocka fäst med en gummisnodd runt sin penis. Hördes klockan hade man sumpat sin chans att bli präst, eftersom man då inte var fri från syndiga tankar. Den oemotståndligt vackra modellen började dansa framför den första kandidaten, men inte ett ljud hördes. Hon fortsatte vidare till nästa, men inte ett ljud hördes där heller. Hon dansade framför hela ledet ner till siste man, utan att få en reaktion från någon. Men när hon började dansa inför den siste prästkandidaten i ledet hördes först en liten ringning som växte och växte tills klockan slutligen ringde och plingade så mycket att den föll till marken. Den fruktansvärt generade unge mannen böjde sig snabbt framåt för att plocka upp klockan. Då började de elva andra klockorna att ringa!

Jonas, Skellefteå

Efter en lång natt av älskog ser mannen ett foto av en annan man på hennes sängbord. Han blir lite orolig och frågar:

- Är det där din man?
- Nej dumbom, svarar hon och kryper närmare.
- Din pojkvän då? fortsätter han.
- Nej, inte alls, svarar hon och nafsar honom i örat.
- Är det din pappa eller din bror då? frågar han och hoppas på att få en försäkran.
- Nej, nej, nej! svarar hon.
- Men vem faan är han då? kräver han.
- Det är jag – före operationen ...

Helen, Örebro

Fyra direktörer sitter på en restaurang och skryter över hur framgångsrika deras söner är.

- Min son är en duktig byggmästare, säger den första. Han är så rik att han nyligen byggde ett hus till sin älskarinna.
- Min son är en duktig bilhandlare, säger den andre. Han är så rik att han nyligen skaffade en ny Mercedes till sin älskarinna.
- Min son är en duktig börsmäklare, säger den tredje. Han är så rik att han nyligen köpte en massa aktier till sin älskarinna.
- Jag vet inte om jag kan vara så stolt över min son, säger den fjärde. Han är bara en enkel frisör och dessutom

är han bög. Jag vet inte hur han bar sig åt, men nyligen fick han ett hus, en ny bil och en faslig mängd aktier av sina älskare!

Per, Kil

Blandade fräckisar II

En man med mycket stort självförtroende gick in på en bar och satte sig vid bardisken bredvid en mycket vacker kvinna. Han sneglade på henne och tittade sen på sin klocka. Kvinnan märkte detta och frågade:

- Är din dejt sen?

- Nej, svarade mannen, jag har precis köpt en värstingklocka och jag testade den bara.

- En värstingklocka, sa kvinnan, vad är det som är så speciellt med den?

- Den kommunicerar med mig med hjälp av alfavågor, förklarade mannen.

- Jaså, och vad säger den nu? frågade kvinnan.

- Den säger att du inte har några trosor på dig.

Kvinnan fnittrar och säger:

- Då måste den vara trasig, för jag har faktiskt trosor på mig.

Mannen säger:

- Den jävla klockan måste gå en timme före ...

Nicklas, okänd ort

Göran, 35 år, fortfarande boende hemma hos mamma, hade fått ett arbete genom arbetsförmedlingen. Mamman blev glad, men kom med förmaningar:

- Se nu till att behålla det här jobbet och sköta dig! Du vet ju hur det gått vid tidigare anställningar. Vad är det för jobb förresten?

Göran berättade att han fått jobb som diskare på en restaurang.

Dagarna gick, men på fredagsmorgonen berättade Göran för sin mamma att han fått sparken.

- Har du blivit av med jobbet? Varför då? undrade mamman.

- Jo, sa Göran, de kom på mig med snoppen fast i potatisskalaren.

- Va, fastnade du i potatisskalaren? Hur gick det med den då? frågade mamman.

- Hon fick också sparken, svarade Göran.

Hermine, Stockholm

- Jag förstår inte frun, säger doktorn, ni vill ha p-piller som lugnande medel, men p-piller har ingen lugnande verkan.

- Jodå, säger kvinnan, det har de visst, doktorn. När min dotter går ut på kvällarna ger jag henne ett piller att svälja och då kan jag sova lugnt!

Roffe, Sundsvall

Bengt är brandman och när han kommer hem till sin fru säger han:

- Ikväll ska vi leka nåt kul. När jag ropar "kommando ett" springer du in i sovrummet. När jag ropar "kommando två" klär du av dig och lägger dig på rygg i sängen och när jag skriker "kommando tre" har vi sex ihop, okej?

- Javisst, svarar frun.

Bengt ropar "kommando ett" och hans fru springer in i sovrummet. Han ropar "kommando två" och hon tar av sig alla kläder och lägger sig på sängen. Han ropar "kommando tre" och störtar naken in sovrummet och tar henne. Plötsligt ropar hans fru:

- "Kommando fyra"

- Vad betyder det? frågar Bengt.

- Mera slang ..., svarar frun.

Håkan, Stockholm

En läkare på kongress stod i hotellvestibulen och talade med en snygg blondin. Då steg plötsligt hans fru ut ur hissen och gav skönheten ett giftigt ögonkast. Hon fnös:

- Hur har du blivit bekant med den där?

- Å yrkets vägnar, kära du, svarade mannen.

Hustrun höjde på ena ögonbrynet och sa ironiskt:

- Vems, ditt eller hennes?

Roffe, Sundsvall

Ett par i fyrtioårsåldern går till läkaren som frågar vad de vill ha hjälp med. Kvinnan svarar:

- Skulle du kunna se på när vi älskar?

Läkaren blir förvånad, men går med på det. Efteråt säger han:

- Det verkar okej, jag kan inte se att ni gör fel på något sätt.

Paret betalar 150 kr och går därifrån. Detta upprepas under några veckor. Paret älskar utan besvär, betalar och går. Slutligen frågar läkaren:

- Vad är det egentligen för symptom ni vill ha besked om?

Mannen svarar:

- Vi vill inte ha svar på nåt, hon är gift så vi kan inte vara hemma hos henne och jag är också gift, så vi kan inte vara hemma hos mig heller. Att hyra en stuga kostar 500 kr och ett hotellrum 600 kr, men här behöver vi bara betala 150 spänn och jag får tillbaka 50 kr från Försäkringskassan. Dessutom har läkare tystnadsplikt!

Fredrik, Växjö

En kille kommer hem sent på kvällen och hans fruga frågar:

- Var i helvete har du varit någonstans?

- Jag har varit och tatuerat mig, svarar mannen.

- Jaså, vad har du tatuerat då för något? frågar frun.

- Jag har gjort en tusenlapp på snoppen, svarar mannen.

- Varför en tusenlapp och varför på snoppen? frågar frun.

- För det första så gillar jag att se mina pengar växa. För det andra så är det kul att sätta sprätt på slantarna ibland. Och för det tredje, istället för att du springer på stan och shoppar är det bättre att du är hemma och suger på pengarna!

Palle, Örebro

Andersson kom hem lite tidigare från kontoret än vanligt. I den lyxiga sängen fann han sin hustru vilt älskande med en främmande karl. Han hämtade sin pistol och hotade att skjuta främlingen.

- Stopp! ylade hustrun. Vem tror du har betalat alla räkningarna, lånen på sommarstugan och bilen? Jag ljög när jag sa att det var ett arv.

Andersson hejdade sig och betraktade mannen i sängen och sa:

- För helvete kärring, lägg en filt över häcken på karln, han kan ju få lunginflammation!

Roffe, Sundsvall

Ett ungt par åkte på en romantisk vintersemester till Kebnekaise där de skulle bo i en gammeldags vedeldad stuga. Efter att de kommit fram gick mannen ut för att hugga ved. En stund senare kom han tillbaka in och säger till henne:

- Älskling, mina händer är kalla.

Eftersom han hade en snäll och välmenande fästmö så sa hon:

- Lägg dem här mellan mina ben så ska jag värma dem.

Det gjorde han och händerna blev varma. Efter lunch går han åter ut för att hugga ved, kommer tillbaka in och säger:

- Älskling, mina händer är kalla.

Hon svarar honom åter:

- Lägg dem här mellan mina ben så ska jag värma dem.

Det gör han och händerna blir varma igen. Efter middagen behöver han hugga mer ved och när han kommer in igen så säger han klagande:

- Älskling, mina händer är kalla.

Hon tittar på honom och säger:

- För guds skull, fryser du aldrig om öronen?

Jens, Nora

Frun kommer hem efter jobbet och är redan i hallen hör hon gubben vråla i huset. Hon hittar honom naken, stående framför spegeln i badrummet. Han river bort könshåren och skriker av smärta.

- Men älskling, vad är det som har hänt? frågar frun oroligt.

- Vill inte den jäveln stå upp får den fasiken inte ligga mjukt heller! svarade mannen.

Anna, Göteborg

På landet höll alla på med höskörden – bonden med fru och barn samt pigan och drängen. Plötsligt kom ett ordentligt åskväder och alla hann in i ladan utom pigan och drängen som blev kvar ute i höstacken. Bonden var mycket orolig och när åskan var över skickade han ut sin lille grabb för att se efter så att inte drängen och pigan blivit skadade i det häftiga åskvädret. Grabben sprang och kom tillbaka med andan i halsen och följande besked:

- Pigan e' alldeles dö', men de' rycker lite grann i röven på drängen!

Roffe, Sundsvall

Det var en gång en kvinnlig hjärncell som av misstag hamnade i en mans huvud. Hon tittade sig nervöst omkring, men allt var tomt och tyst.

- Hallå, ropade hon, men fick inget svar.

Nu började den kvinnliga hjärncellen känna sig alldeles övergiven och efter att ha virrat runt en stund till skrek hon av all kraft:

- Hallå, är det någon här?

Då hördes en väldigt svag röst långt nerifrån:

- Vi är här nere!

Johan, Lund

En man är ute och handlar, han finner ett nytt märke kondomer: Olympiska kondomer! Han köper dom och berättar glatt för frun om dem när han kommer hem.

- Olympiska kondomer, säger hon, vad är det för speciellt med dem?

- De har tre olika färger: guld, silver och brons, säger mannen.

- Vilken färg hade du tänkt använda ikväll? frågade frun.

- Guld naturligtvis, svarade mannen.

- Varför tar du inte en silverfärgad istället? frågade frun. Det kunde vara fint om du för en gångs skull kom som nummer två!

Richard, Helsingborg

En chef skulle anställa en ny privatsekreterare till sitt kontor. Han gick ut i lokalpressen och satte in sin annons:

" Storbystad sekreterare med fördelaktigt utseende sökes till mitt kontor. Hög lön kan erbjudas, speciella tjänster kommer att krävas."

Han fick in flera svar och han intervjuade flera storbystade skönheter. Han fastnade till slut för en enormt söt tjej som var en docka i alla avseenden. När lön och andra förmåner skulle diskuteras så blev chefen lite skamsen att han hade ställt sådana krav som han hade gjort. Han sa:

- Detta med speciella tjänster, är det ok för dig?

- Inga problem, jag har ingen pojkvän och du ser trevlig ut, svarade tjejen.

Chefen blev eld och lågor och förklarade vidare:

- Vad trevligt, om det nu är så att jag skulle vilja ha lite mysigt med dig och för att ingen skulle förstå vad vi pratade om så kommer jag att säga att jag vill ha ett brev till Kambodja utskrivet.

- Ett brev till Kambodja utskrivet, okej, svarade tjejen.

Det gick ett par dagar och chefen kände att begäret pockade på. Han tryckte ner knappen på snabbtelefonen och sa:

- Jag skulle vilja ha ett brev till Kambodja utskrivet.

Svaret dröjde lite, men kom till slut:

- Gärna, men nu är det så att jag har det röda färgbandet i skrivmaskinen idag.

- Jaha, svarade chefen, då får vi ta det en annan gång.

Det gick en liten stund och sekreteraren kände att hon svikit chefen lite och tryckte därför ner knappen på snabbtelefonen igen:

- Angående det där brevet, skulle vi inte kunna ta det muntligen?

- Det är redan för sent, svarade chefen, jag skrev nyss ut det för hand ...

Janne, Karlshamn

Rolle hade köpt en japansk kikare som han tyckte var hemskt bra. Gurra hade köpt en tysk kikare som var betydligt dyrare. Rolle påstod att hans kikare var minst lika bra.

- Härom kvällen kunde jag se genom fönstret hur du och din fru låg i sovrummet, sa Rolle.

- Där ser du själv att kikaren är dålig, sa Gurra. Hade du använt min kikare så hade du sett att det var din fru!

Roffe, Sundsvall

Frun ligger på alla fyra i rabatten när maken utbrister:

- Men herre jösses, nu får du väl ändå ta och börja motionera, din bakdel ser ju ut som en hel skördetröska!

Senare på kvällen när maken och frun ska krypa till sängs och mannen är lite kelsugen, märker han att frugan är lite sur, så han säger:

- Men vad är det med dig?

- Du tror väl inte jag tänker starta hela maskineriet bara för ett halmstrå?

Cecilia, Jönköping

På ett flyg på väg mot Gran Canaria tar piloten mikrofonen och berättar för sina passagerare vilken färdväg de ska ta och den beräknade ankomsttiden. När detta är gjort önskar han passagerarna en trevlig flygresa, men glömmer att stänga av mikrofonen.

- Håkan, har du ställt in autopiloten på Gran Canaria?

- Ja, det är klart. Nu ska jag gå och skita, sen ska jag sätta på Sonja av bara helsike. Hon är alltid så kåt och beredd på en snabbis i pentryt.

Alla passagerarna hörde detta och även övrig personal i kabinen. En flygvärdinna kommer springande i gången, men snubblar och blir liggande raklång på golvet. En passagerare klappar henne på axeln och säger:

- Du behöver inte ha så bråttom, han skulle ju skita först ...

Angelica, Fivlered

En man kom inspringande till spermabanken med rånarluva och skriker till kvinnan bakom disken:

- Öppna kassaskåpet!

- Men det finns ju inga pengar, svarar kvinnan skärrad, det här är en spermabank.

- Hör du inte vad jag säger, öppna kassaskåpet! skrek mannen.

Kvinnan lyder mannen varpå han säger:

- Ta fram flaskan från skåpet och drick upp den.

- Men det är ju sperma, klagar kvinnan.

- Öppna flaskan och drick upp innehållet säger jag ju, skriker mannen igen.

Kvinnan har inget val så hon lyder mannen. Han skriker igen:

- Öppna nästa flaska och drick upp den också.

När hon druckit upp den så tar mannen av sig rånarluvan och kvinnan upptäcker att det är hennes man som står där. Han säger då:

- Där ser du, det var väl inte så himla svårt!

Isak, Skellefteå

Det var tre väninnor som satt och drack kaffe när den ena sa:

- Det är så konstigt, när jag sugit av Erik, min gubbe, så är hans kulor iskalla.

- Konstigt, sa den andra, det är Kalles kulor också. Hur är det med din gubbes kulor? frågade hon den tredje.

- Ni är ju äckliga, aldrig att han skulle få stoppa snoppen i min mun.

- Du är ju dum, sa de andra två väninnorna, det är det bästa sättet för att behålla sin gubbe.

Några dagar senare träffades väninnorna igen och då hade den tredje en stor blåtira på ena ögat.

- Vad har du gjort? frågade de andra två.

- Jag gjorde som ni sa och gick hem och sög av gubben. Sen sa jag till honom att det var konstigt att hans kulor var varma när Eriks och Kalles är kalla.

Dan, Karlskrona

Det var ett tvillingpar, Per och Ove. Per var ägare till en gammal eländig båt och nu råkade det inte sig bättre än att Oves fru dog samma dag som Pers båt sjönk. Några dagar senare så mötte en gammal snäll tant Per och misstog honom för Ove. Hon sa:

- Jag är hemskt ledsen att höra om din förlust, det måste kännas förfärligt.

Per som trodde att hon pratade om hans båt svarade:

- Nja, faktum är att jag är ganska glad att slippa henne, hon var genomrutten från första början. Underdelen var alldeles sönderriven och hon luktade som en gammal död fisk. Hon läckte hela tiden och hade en stor spricka baktill och ett präktigt stort hål framtill också. Varje gång jag använde henne blev hålet bara större och hon började läcka ännu mer. Jag antar att det som till sist gjorde slut på henne var när jag hyrde ut henne till fyra killar som ville ut och ha lite kul. Jag varnade dem att hon var i ganska dåligt skick, men de ville ha henne ändå. De idioterna försökte alla att komma in i henne på samma gång så hon sprack upp i mitten. Men vad gör det, det är väl bara att börja kolla annonserna för att hitta en ny.

Den gamla damen svimmade ...

Fredrik, Sundsvall

En kvinna berättar för sin väninna:

- Min man är 300 % impotent.

- Va, säger väninnan, inte kan man väl vara 300 % impotent?

- Jodå, svarar kvinnan, igår var han bara 100 % impotent, men så ramlade han i morse, bröt alla fingrarna och bet av sig tungan!

Janne, Märsta

Några kvinnor spelade golf. På ett av hålen gjorde en av damerna en ruskig slice och sände bollen in i en grupp män som stod och väntade på sin tur att slå på ett annat hål. Kvinnan sprang genast dit för att be om ursäkt och för att se hur det hade gått. När hon kom fram låg en av männen på marken med händerna mellan benen och vred sig i plågor.

- Får jag se på det där, frågade kvinnan.

- Nej, det går snart över, stönade mannen.

- Sluta tramsa nu, sa kvinnan, jag är sjuksköterska och

vet precis hur man tar hand om den här sortens skador.

Kvinnan rullade över mannen på rygg och förde hans armar åt sidorna. Därefter öppnade hon försiktigt hans byxor och stack ner handen och började massera. Efter en stund frågade hon:

- Känns det lite bättre nu?

- Ja, det känns jättebra, sa mannen, men jag har fortfarande fruktansvärt ont i tummen.

Mia, Gävle

Det var två killar som satt och pratade och den ene sa:

- Jag vet inte vad jag ska göra, min fru har blivit så slapp i hålet.

- Du kanske ska ta och pröva det andra hålet, förslog kompisen.

- Är du galen, svarade den andre, då kan hon ju bli med barn ...

Anders, Skellefteå

Ett äkta-make-varuhus öppnade nyligen där kvinnor kunde gå och välja en make bland många män. Varuhuset består av fem våningar där männens positiva egenskaper ökade ju längre upp man kom. Den enda regeln var att när du öppnat dörren till en våning måste du välja en man från den våningen. Om du gick upp en våning kunde du inte gå tillbaka förutom för att lämna varuhuset och aldrig komma tillbaka igen. Ett par väninnor gick till varuhuset för att hitta några äkta makar.

Första våningen: På dörren satt en skylt där det stod: "Dessa män har jobb och älskar barn." Kvinnorna läste skylten och sa:

- Tja, det är ju bättre än att vara arbetslös och inte gilla barn, men jag undrar vad som finns längre upp?

Så de gick upp ett våningsplan.

Andra våningen: På skylten stod det: "Dessa män har välbetalda jobb, älskar barn och ser extremt bra ut."

- Hmm, sa damerna, men jag undrar vad som finns på nästa våning?

Tredje våningen: På den här skylten stod det: "Dessa män har välbetalda jobb, älskar barn, ser extremt bra ut och hjälper till med hushållsarbetet."

- Wow, sa kvinnorna, mycket frestande.

Men det fanns två våningar till, så de fortsatte upp.

Fjärde våningen: Den här dörren hade en skylt där det stod: "Dessa män har välbetalda jobb, älskar barn, ser extremt bra ut, hjälper till med hushållsarbetet och är fantastiska älskare."

- Oh, kära nån, utbrast kvinnorna, tänk bara vad

som kan finnas på nästa våning!

Så de gick vidare upp till den femte våningen.

Femte våningen: På skylten stod det: "Den här våningen är tom och finns bara till för att bevisa att kvinnor är helt omöjliga att behaga. Utgången finns till vänster, vi hoppas ni ramlar i trapporna."

Göran, okänd ort

Ett äldre par som bodde på landet fick en dag besök av ett UFO som störtade på åkern utanför gården. Ut ur tefatet kom det ett par som såg väldigt bra ut och de var helt nakna. Bondmoran och gubben blev lite ställda, men bjöd in dem till kvällsvard som det utomjordiska paret tackade ja till. De åt och samtalade och kom bra överens. Efter maten så frågade den utomjordiska tjejen om det skulle gå för sig att byta partner för natten för att se hur människorna har sex. Gubben och gumman konfererade en stund och gick med på det. Den utomjordiska tjejen lutade sig över till gumman och viskade:

- Bli inte besviken över att hans snopp ser liten ut, det är bara att vrida om hans öra så blir den större.

De gick till sängs och precis som den utomjordiska tjejen sa så fungerade tricket med örat. Morgonen efter vid frukostbordet så kunde inte gumman och gubben låta bli att viskande fråga varandra om natten. Gumman berättade att hon verkligen hade haft det skönt och gubben svarade:

- Samma här, men vad aggressiv hon var, hon vred nästan örat av mig!

Jonas, Åmål

En stadsbo kom till lantgården för att köpa en spädgris. Bonden skulle väga grisen och böjde sig framåt, stoppade grisens knorr i munnen, gungade några gånger fram och tillbaka och sade att den vägde 22 kilo. Stadsbon tyckte det verkade lite konstigt att man inte hade en våg.

- Nej, så gör vi alltid, svarade bonden.

Då råkade grannen gå förbi och stadsbon frågade om det var kutym att väga på detta sätt.

- Ja visst, svarade grannen.

- Nu kan du gå in till frun och betala, sa bonden, och passa samtidigt på att fråga henne också.

Stadsbon kom efter en kort stund tillbaka till bonden med pengarna i handen.

- Va nu då, fick du inte betala? frågade bonden.

- Jo, svarade stadsbon, men jag ville inte störa för hon höll just på att väga brevbäraren.

Eldon, Falkenberg

En man och en kvinna hade införskaffat en ny garderob från IKEA till sitt nya hem. Efter sedvanlig montering av den händige, men manualfientlige mannen, stod garderoben äntligen klar och uppställd i sovrummet. Dagen efter när mannen var på jobbet och hustrun skulle hänga in en klänning, visade det sig att en hylla i garderoben hade trillat ner. Kvinnan svor lite för sig själv och tänkte att det säkert berodde på hennes mans okunskap. Hon satte upp hyllan igen och stängde dörren.

I samma ögonblick passerade bussen ute på gatan och kvinnan hörde hur hyllan trillade ner igen. Hon öppnade dörren och såg att hyllan låg på garderobsgolvet. Ovetande om vad hon skulle göra, ringde hon till IKEA:s kundtjänst och förklarade problemet. Efter en timme kom så en man från IKEA i syfte att bistå med kundservice.

Hon förklarade problemet och sin teori om att hyllan faktiskt trillat ner på grund av bussens passage ute på gatan. Kvinnan lämnade rummet och IKEA-mannen påbörjade sitt arbete. När bussen passerade igen, hörde han hur hyllan trillade ner.

- Det var väl själva fan, sa han tyst för sig själv, hur är det möjligt?

Han öppnade dörren och kliade sig i huvudet. Efter lite

grubblande klev han in i garderoben och stängde dörren efter sig. Ett par minuter senare kom den äkta mannen hem, han tog av sig skorna och gick in i sovrummet för att hänga in sin kavaj i den nya garderoben. När han öppnade dörren fick han syn på IKEA-mannen som sa:

- Eh, tjena. Jag vet att det här låter jävligt skumt, men jag väntar faktiskt bara på bussen!

Robert, Stockholm

Ingegerd och Monika, två goda vänner, sitter och pratar på ett café. Ingegerd säger:

- Den där trevliga Kurt Nilsson frågade mig om vi kunde gå på dejt och jag vet att du var ute med honom förra veckan, så jag tänkte bara höra med dig hur det var innan jag svarar honom.

- Ja, det ska jag säga dig, svarar Monika. Han kom precis på slaget sju till min lägenhet, klädd i ursnygg kostym med sidenslips och näsduk i bröstfickan och en otroligt fin bukett blommor. Vi gick ut på gatan och där stod en taxilimo och väntade på oss. Chauffören hade till och med uniform! Vi åkte till en jättemysig restaurang och åt hummer och drack champagne, en jättegod varmrätt, dessert, drink efter maten, ja hela paketet. Sedan gick vi och såg en trevlig teaterföreställning. Jag ska säga dig Ingegerd, att det var den roligaste och trevligaste och mest fantastiska kväll jag varit med om på 30 år. När vi sedan kom tillbaka till min lägenhet skulle vi ta en kopp kaffe, men väl där blir han helt förbytt som ett vilddjur. Han slet av mig min finaste klänning, mina underkläder och han bar mig sedan in till sovrummet och lade mig ner på sängen. Han satte på mig, och inte bara en gång, utan två gånger med den största snopp jag någonsin sett. Helt otroligt och totalt vansinnigt, jag blev helt mörbultad där nere. Helt otroligt.

- OH, herreguuuuud, suktar Ingegerd, det är inte sant, det menar du inte, så du tycker inte att jag ska gå ut med honom då?

- Nej, nej, svarar Monika, det är klart att du ska gå ut med honom, jag menade bara att du ska ta på dig en gammal klänning ...

Nicklas, Norrköping

En ung man är på semesterkryssning, men på kryssningens andra dag kolliderar fartyget med ett enormt korallrev och sjunker. Mannen lyckas dock simma iland till en närliggande öde ö. Han tittar sig omkring och får syn på en medvetslös kvinna som ligger på stranden – också en överlevande från båten. Mannen går fram och prövar mun-mot-mun-metoden för att få liv i henne och lyckas! Kvinnan vaknar, tittar på honom och säger:

- Gode Gud, du har räddat mitt liv.

Då ser mannen att kvinnan är Jennifer Lopez. Dagarna och veckorna går, Jennifer och mannen finner sig till rätta på ön, de bygger en hydda, det finns fullt med frukt i träden, de är vansinnigt förälskade och de har sex morgon, middag och kväll. En morgon noterar dock Jennifer att hennes ö-älskare ser ledsen ut.

- Vad är det älskling? frågar hon, vi har ju ett underbart liv tillsammans. Finns det något jag kan göra?

- Det finns det faktiskt, svarar han, kan du sätta på dig min tröja?

- Om det får dig att känna dig bättre, svarar Jennifer och sätter på sig hans tröja.

- Kan du sätta på dig mina byxor också? säger mannen.

- Visst, om du tror att det hjälper, svarar Jennifer.

- Kan du ta på dig min hatt och måla lite mustasch på läppen också? ber mannen.

- Allt för dig älskling, säger Jennifer som gör allt han ber henne.

- Kan du börja gå ett varv runt ön? säger mannen.

Jennifer börjar gå åt ena hållet på ön och mannen sätter

av åt andra hållet. En halvtimme senare möts de halvvägs på andra sidan. Mannen rusar fram mot henne, tar tag i armen och säger:

- Tjena polarn! Du kan aldrig gissa vem jag ligger med!

Tobbe, Karlstad

Det var en varm, skön dag i skärgården och fem män låg utsträckta på en klipphäll och solbadade. De fem var alla i olika ålderskategorier, en var 20, en var 30, en 40, en 50 och en 60. De hade utsikt mot en liten kobbe strax nedanför dem och på kobben stod ett ensamt tält. Plötsligt sprang ett gäng tjejer ut från tältet, spritt språngande nakna. De mycket yppiga tjejerna började hoppa runt och stoja på kobben med alla behag väl synliga.

20-åringen flög upp direkt, hoppade jämfota, gestikulerade och skrek ivrigt:

- Dit måste vi genast, nu på en gång, kom så simmar vi!

30-åringen reste sig upp stående och tittade sig omkring och sa:

- Ja visst skall vi ta oss till kobben, men då tar vi roddbåten som ligger i vattenbrynet så spar vi på krafterna och slipper bli blöta.

40-åringen satte sig upp på huk och efter en stund kom han fram till att vill tjejerna något, så kan de komma hit till oss.

50-åringen reste sig upp på armbågarna och tittade lite oförstående på de yngre och undrade.

- Vad ska vi över dit för? Vi ser ju bra härifrån!

60-åringen reagerade slutligen även han, sträckte mödosamt på nacken så att han precis såg över magen och sa:

- Är det verkligen tillåtet att tälta på en sån kobbe?

Mattias, Helsingborg

Det var en tjej som var ensam hemma när det ringde på dörren. Hon öppnade och utanför stod det en respektabelt klädd man. Han sa:

- Jag skulle vilja ställa en fråga till dig. Den kan verka lite konstig och du behöver inte svara om du inte vill.

Hon tänkte lite, men sa sen:

- Okej.

Då frågade han:

- Har du en vagina?

Tjejen blev helt ställd:

- VA?

Då upprepade mannen sin fråga:

- Har du en vagina?

Nu blev kvinnan så arg att hon slängde igen dörren i ansiktet på honom. Men han ropade genom brevinkastet:

- Jag kommer tillbaka klockan fem och frågar igen om du vill svara.

När kvinnans man kom hem berättade hon vad som hänt. Han och en kompis till honom beslutade sig för att gömma sig bakom dörren och försöka ta killen när han kom tillbaka.

När klockan blev fem ringde det på dörren och frun gick och öppnade. Där stod mannen igen och frågade samma fråga:

- Har du en vagina?

Styrkt av makens närvaro svarade hon:

- Ja, det har jag!

Då svarade mannen:

- Då tycker jag att du ska låta din make ta del av den så att han slutar att ränna hemma hos min kärring hela tiden!

Rickard, okänd ort

En ung tjej beklagar sig för sin mor genom att erkänna att hon inte har haft mens på över två månader. Den oroliga modern tar med sig dottern till doktorn varpå det konstateras att dottern är gravid.

- Vem är svinet? Jag kräver att få veta. Du måste berätta om detta för din far osv., maler modern på när de är på väg hem i bilen.

När tjejen äntligen får ett ögonblick för sig själv så ringde hon ett samtal. En halvtimme senare så anländer en sprillans ny Ferrari utanför deras hus. En stilig, välklädd man i lämplig ålder kliver ur bilen och går fram till dörren, ringer på och blir insläppt till vardagsrummet där fadern, modern och dottern tar emot honom. Han säger:

- God dag, er dotter har informerat mig om problemet. Jag kan tyvärr inte gifta mig med henne på grund av privata familjeskäl, men jag är villig att ta mitt ansvar för att vidta lämpliga åtgärder. Om hon föder en flicka, så skänker jag henne tre av mina butiker, två av mina bekväma lägenheter, en strandvilla samt gör en insättning på hennes bankkonto med femhundratusen dollar. Om hon föder en pojke, så skänker jag henne två av mina fabriker samt gör en insättning på hennes bankkonto med femhundratusen dollar. Om hon föder tvillingar, så får var och en av dem en fabrik samt tvåhundrafemtiotusen dollar. Om hon av någon anledning skulle råka ut för missfall ...

I det ögonblicket blir han omilt avbruten av fadern som

suttit knäpptyst under hela samtalet och som då lägger sin hand på mannens axel och säger:

- Då sätter du på henne igen!

Martin, Farsta

- Snälla doktorn, jag har problem med min fru. Hon kör bil i sömnen och använder min snopp som växelspak, vad ska jag göra? frågar mannen.

- Jo, säger doktorn, när din fru börjar växla kan du sätta på henne så hon vaknar.

Mannen går hem glad i hågen och så fort frugan somnat sätter hon igång och växlar.

- Ettan, tvåan, trean, osv., pratar frun på.

Då hoppar mannen på henne och hon ropar:

- Full tank, tack!

Thomas, Delsbo

En vacker kvinna körde sin bil genom en öde del av Texas när motorn la av och det blev tvärstopp. En indian kom ridande och erbjöd kvinnan att sitta upp bakom honom för att få en ritt till närmaste stad. Det blev en lugn färd bortsett från att indianen var femte minut skrek "Yahoo!" så att det ekade mellan bergen. Väl inne i staden lämnade indianen kvinnan vid en bensinstation med ett sista "Yahoo!".

Servicemannen undrade vad kvinnan gjort för att göra indianen så uppspelt.

- Ingenting, sa kvinnan, jag satt bara bakom honom med armarna runt midjan och höll i sadelhornet för att inte ramla av.

- Damen lilla, sa servicemannen, indianer använder inte sadel!

Peter, Halmstad

Min fru skulle gå och duscha och väl avklädd, naken och vacker som hon är, skulle hon stajla till det lite innan hon gick in i duschen. Gammal gymnast som hon är så gjorde hon en flickflack för att sedan avsluta med att gå ner i spagat. Det ville sig inte bättre än att när hon väl kommit ner i spagaten blev det liksom ett vakuum mellan "musslan" och klinkergolvet. Hon skrek så klart på mig och undrade vad hon ska göra. Det enda jag kom på var att ringa grannen eftersom han jobbar som rörmokare. (Jag ville ju inte ringa brandkåren för en sån sak). Sagt och gjort, grannen kom ilandes och såg märkbart förvånad ut och undrade såklart varför jag ringt honom.

- Du vet, du är rörmokare och sånt, får jag ur mig. Se om du kan lösa problemet medan jag går och sätter på kaffe.

När jag kom tillbaka ser jag att han står och smeker min frus bröst!

- Vad i helvete håller du på med! skrek jag åt honom.

- Jo, sa grannen, jag tänkte om jag kunde blöta upp henne lite, så kunde vi kanske få henne att glida bort till golvbrunnen så att hon släpper taget ...

Johan, Östra Ljungby

Benny gick bort till sin kvinnliga kollega på jobbet och sa:

- Åh, vad ditt hår luktar gott idag, alldeles nytvättat!

Kvinnan blev rasande och gick raka vägen in till chefens kontor och talade om att hon blev sextrakasserad på sitt jobb.

- Vad är det som har hänt? frågar chefen.

- Benny sa att mitt hår luktar nytvättat, svarade kvinnan.

- Men, vad är det för farligt med det, frågade chefen.

- Vad som är farligt med det? fräser kvinnan. Benny är ju för fan dvärg!

Annelie, Örebro

Indianhövdingens sköna dotter sågs varje kväll med en ny krigare. Hövdingen undrade varför ingen ville ha stadigvarande sällskap med hans dotter, så en kväll lyssnade han utanför hennes wigwam och då hörde han indianen där inne klaga:

- Nej, inte tugga som cigarr! Suga som fredspipa!

Peter, Halmstad

Pia och Bert hade fått hemskt ont om pengar, så de kunde inte komma på någon annan utväg än att Pia fick ställa upp och tjäna lite extra på gatan. De bestämde att Bert skulle följa med som vakt och de gick till ett känt gatstråk. En bil stannade och pratade med Pia, hon sprang bort till Bert och sa:

- Han vill ha sex, men vad ska jag ta betalt?

- Ta en tusenlapp, sa Bert.

Pia sprang tillbaka och pratade en stund till. Hon kom springande till Bert igen efter en stund och sa:

- Han har bara 400, vad ska jag göra?

- Du kan väl hjälpa honom utan att gå hela vägen, sa Bert.

Pia sprang tillbaka och de kom överens. Hon hoppade in i bilen och mannen hivade fram sin utrustning som var av modell XXL. Pia tittade storögd, hoppade ur bilen och sprang till Bert igen och sa:

- Kan vi inte låna honom 600?

Yvonne, Malmö

En kvinna kommer in på mödravårdscentralen och vill veta om hon är gravid. Hon får träffa en doktor som känner lite på magen och säger till henne att det bara är luft. Kvinnan tror inte på doktorn, så hon går dit igen nästa dag. Doktorn känner på magen en gång till och säger att det fortfarande bara är luft. Kvinnan bestämmer sig då för att ta med sin man dit. De träffar samma doktor och för tredje gången konstaterar doktorn att det bara är luft i magen och att kvinnan inte är gravid. Då reser sig kvinnans man upp och säger:

- Tror du min snopp är en jävla cykelpump eller?

Henrik, Malmö

En kvinna hade tagit med sig sin älskare hem under dagen medan hennes man var på sitt arbete. Utan att hon vet om det har hennes nioåriga son gömt sig i sovrumsgarderoben. Hennes man kommer överraskande hem och hon gömmer älskaren i garderoben där den lille sonen redan är. Den lille sonen säger:

- Mörkt här inne.

Mannen svarar:

- Ja, det är det.

- Jag har en baseball, säger sonen.

- Det var ju bra, svarar mannen.

- Vill du köpa den? frågar sonen.

- Nej tack, svarar mannen.

- Min pappa är utanför, säger sonen.

- OK, hur mycket? frågar mannen.

- 2 500 kr, svarar sonen.

Någon vecka senare händer det igen att sonen och mammans älskare sitter i samma garderob tillsammans. Den lille sonen:

- Mörkt här inne.

- Ja, det är det, svarar mannen.

- Jag har en baseballhandske, säger sonen.

Mammans älskare minns förra gången och frågar:

- Hur mycket?

- 7 500 kr, svarar sonen.

- OK, svarar mannen.

Några dagar senare säger pappan till sonen:

- Hämta basebollhandsken och basebollen så går vi och kastar lite i parken.

- Det går inte, jag har sålt dem, svarar sonen.

- För hur mycket då? frågar pappan.

- 10 000 kr, svarar sonen.

Pappan blir upprörd och säger:

- Det är inte snällt att ta så hutlöst betalt av sina vänner. Det är många gånger mer än vad de kostar nya. Du får följa med till kyrkan och bikta dig för prästen.

Nästa dag går de till kyrkan och pappan placerar sonen i biktbåset. Han stänger dörren och sätter sig att vänta utanför. Sonen säger:

- Mörkt här inne.

- Börja inte med den skiten nu igen, svarar prästen.

Mats, Helsingborg

Pajalabon säger till sin läkare att han inte kan förstå varför han var så trött hela tiden. Läkaren säger:

- Du kan väl ta beskriva hur en helt vanlig dag ser ut för dig.

Pajalabon berättar:

- Jo, dä första jag gör när jag vaknar på morgonen är att jag nullar särringen. Sen äter jag frukost och efter det så nullar jag särringen igen innan jag går till joppet. På matrasten går jag hem och nullar särringen en gång före maten och en gång efter maten, sen går jag till joppet igen. När jag kommer hem från joppet så nullar jag särringen, sen äter jag kvällsmat och eter det så nullar jag särringen igen och innan jag somnar nullar jag särringen tre gånger till.

Läkaren tittar roat på Pajalabon och säger:

- Vad tror du själv kan vara orsaken till din trötthet om du tänker efter lite?

Pajalabon svarar efter en stunds funderande:

- Tjaa ... dä kan bero på det där smårunkandet på joppet kanske?

Kerstin, Luleå

Ett förälskat par var ute och gjorde stan. När det var hennes tur att beställa i baren så berättar hon för sin käresta att hon hört talas om en ny fantastisk drink som han bara måste prova. Sagt och gjort, han går givetvis med på detta, nyfiken som han är, och hon återvänder snart till bordet med en öl till sig själv och två små glas till honom. I det ena glaset är det Baileys och i det andra så är det en skvätt limejuice. Med glaset följer instruktionen:

"Tag en munfull av Baileys och låt den rulla runt en stund i munnen innan du sköljer ner den med limejuicen."

Han tycker inte att detta låter något vidare, men hans flickvän är väldigt övertygande och hävdar att detta måste testas. Nåväl, han tar en slurk Baileys, den känns varm och len mot gommen. Sedan tar han limejuicen och då sker följande:

Efter 0,1 sekund: Den gräddiga Baileysen börjar skära sig.

Efter 0,3 sekunder: Han börjar bli lika grön i ansiktet som limejuicen.

Efter 0,6 sekunder: Med stor möda tvingar han sig att

svälja smörjan.

Försiktigt viskar hon i hans öra:

- Drinken kallas Blowjob revenge!

Thomas, Trollhättan

Jonny ville sätta på en tjej på sitt jobb, men hon var redan upptagen. Till slut blir Jonny så frustrerad att han går fram till henne och säger:

- Du får 10 000 om jag får sätta på dig.

Hon svarar:

- Nej!

Jonny ger sig inte utan fortsätter:

- Jag gör det snabbt, jag kastar pengarna på golvet, du böjer dig fram och jag är klar innan du plockat upp pengarna.

Hon tänker en stund och säger sen att hon är tvungen att fråga sin pojkvän först, så hon ringer honom. Hennes pojkvän säger att hon ska ta 20 000 för det och plocka upp pengarna så fort att Jonny inte ens hinner få ner brallorna. Tjejen antar Jonnys förslag. Efter en halvtimma väntar pojkvännen fortfarande på att hans flickvän ska ringa, men inte förrän efter en trekvart ringer hon och berättar vad som hänt:

- Den lurige jäveln betalade med mynt!

Håkan, Stockholm

En man och en kvinna var ute på söndagsutflykt i bilen. Efter ett tag passerade de en hage där tjuren höll på för fullt med en ko. Kvinnan frågar mannen:

- Hur kan tjuren veta att kon vill?

- Jo, svarade mannen, det känner tjuren på lukten.

Lite senare körde de förbi en hage med får, där baggen roade sig med en av tackorna. Kvinnan frågade igen:

- Hur kan baggen veta att tackan vill?

- Ja, det är samma sak där, svarade mannen, baggen känner det på lukten.

De körde vidare under tystnad. En stund senare tittar kvinnan på mannen och säger:

- Du är visst täppt i näsan idag, va?

Robbe, Växjö

En bonde var sugen på att köpa en uppblåsbar docka, men var för blyg för att göra det själv, så han frågade brevbäraren om han inte kunde köpa en åt honom.

- Ja, visst kan jag det, svarade brevbäraren.

När han köpt dockan tänkte han, jag kan väl sätta på dockan en gång innan jag lämnar den till bonden, så han gav dockan en rejäl omgång. Dagen efter gav han dockan till bonden som blev glad och tackade så mycket för hjälpen. Ett par veckor senare träffades de igen och brevbäraren frågade då om han var nöjd med dockan. Bonden svarade:

- Jag är jättenöjd, det är otroligt hur levande de kan göra dem nu för tiden, jag har redan fått en könssjukdom!

Steen, Enköping

En kille var på stan och raggade tjejer. Han fick syn på en skarping och frågade om han fick bita i hennes bröstvårtor.

- Absolut inte, svarade tjejen.

- Men för 1 000 spänn då? bad killen.

- NEJ, svarade tjejen.

- Men för 2 000 då? bönade killen.

- OK då, svarade hon till slut.

De gick in på en toa och hånglade och gjorde allt möjligt med varandra. Efter en stund säger tjejen:

- Men bit då!

- Jag har inte råd, svarade killen.

Mikael, Eskilstuna

Paret hade gått och lagt sig när kvinnan frågar:

- Älskling, ska vi ha sex?

- Nej, jag har huvudvärk, svarar mannen.

- Är det ditt slutgiltiga svar? säger kvinnan.

- Mmmm, svarar mannen.
- Du är helt säker? fortsätter kvinnan.
- Ja! säger mannen nu lite högre.
- Ingen tvekan? trugar kvinnan.
- NEJ! fräser nu mannen.

Hon tittar länge på honom och säger till slut:
- Då vill jag utnyttja min livlina och ringa en vän.

Marianne, Luleå

Två bröst satt och beklagade sig i sommarvärmen. Det ena sa:

- Fy vad det är tråkigt att sitta här instängd – trångt, varmt och svettigt. Ibland ska man vara platt, ibland spetsig och ibland ska man hänga löst. Tänk om man kunde få vara i det fria ...

En snopp råkade höra konversationen och lade sig i samtalet och sa:

- Vad har ni att klaga över, ni har ju i alla fall lite variation i tillvaron. Tänk på hur jag har det istället, snacka om trångt och svettigt, och jag får aldrig hänga fritt. Enda gången jag blir utsläppt är när de drar en regnrock över huvudet på mig och låter mig åka tunnelbana tills jag spyr.

Desirée, Nyköping

Jag kommer ihåg första gången jag använde en kondom, jag var runt sexton år. Jag hade gått till affären för att köpa ett paket kondomer och bakom disken stod en söt tjej. Hon såg att det hela var nytt för mig och hon frågade om jag visste hur jag skulle ta på mig en kondom. Jag svarade ärligt:

- Nej.

Så hon öppnade paketet, tog ut en kondom och drog den över tummen. Hon sa att de skulle sitta tajt och säkert. Jag såg nog fortfarande förvirrad ut, så hon tittade sig runt i den tomma affären.

- En minut, sa hon, och gick till dörren och låste den.

Hon tog min hand och ledde mig till ett litet rum. Hon knäppte upp sin blus och tog av sig den. Sen tog hon av sig sin BH och lade den vid sidan av.

- Gör det här dig upphetsad? frågade hon.

Jag var så överraskad att allt jag kunde göra var att skaka på huvudet. Hon sa sedan att det var dags att sätta på kondomen. När jag tog på mig den så tog hon av sig sin kjol och sina trosor och lade dem på ett bord.

- Kom igen då, sa hon, vi har inte hur mycket tid som helst.

Så jag klev på henne. Det var så underbart att jag helt plötsligt inte kunde hålla tillbaka utan POW, det var klart på ett par minuter. Hon tittade på mig med ett flin och frågade:

- Tog du på dig kondomen?

- Så klart jag gjorde, svarade jag glatt och höll upp tummen för att visa henne.

Michel, Stockholm

En man går in i duschen samtidigt som hans fru kommer ut därifrån. I samma stund ringer det på dörren och frun går och öppnar dörren endast iklädd en handduk. I dörren står grannen som erbjuder henne 10 000 om hon låter handduken falla till golvet. Utan tvekan släpper hon handduken till golvet medan grannen njuter av utsikten. Han tar upp 10 000 ur sin ficka och ger henne dem och går sen därifrån. Kvinnan tar åter igen på sig handduken och går tillbaka till badrummet för att föna håret.

- Vem var det som ringde på dörren? undrade mannen.

- Det var grannen mitt emot, svarade frun.

Mannen tittade på sin fru och frågade:

- Kom han för att lämna tillbaka de 10 000 han lånade igår?

Göran, okänd ort

Bonden och drängen skulle plöja åkern när bonden kommer på att han glömt stövlarna hemma. Han skickar drängen att hämta dem.

När drängen kommer hem möter han pigan och säger till henne:

- Bonden sa att jag skulle pippa dig.

- Jaha, svarade pigan och så gjorde de det.

Drängen gick sedan i till köket och mötte bondmoran och säger till henne:

- Bonden sa att jag skulle pippa dig.

- Nähä, det tror jag inte han har sagt, svarar bondmoran.

Drängen ropar då till bonden:

- Ska jag bara ta den ena?

- Nej, för fan, svarade bonden, ta båda!

Palle, Örebro

En ung flicka var så deprimerad att hon skulle ta sitt liv genom att kasta sig i havet. Hon tog sig till Skeppsbron och var just på väg att kasta sig i det kalla vattnet då en ung snygg sjöman såg henne och undrade varför hon stod där och grät. Han tyckte synd om henne och sa:

- Du har ju massor att leva för, jag åker till Amerika i morgon bitti och om du vill så kan jag smuggla med dig på skeppet.

Han flyttade sig närmare och lade handen runt hennes midja och sa:

- Jag gör dig lycklig och du gör mig lycklig.

- Ja, snyftade hon fram. Vad hade hon egentligen att förlora.

På natten smugglade sjömannen henne ombord och gömde henne i en av livbåtarna. Därefter kom han till henne varje natt med mat och frukt och sen älskade de passionerat till gryningen kom. Tre veckor senare, under en rutininspektion, blev hon upptäckt av kaptenen.

- Vad gör du här? frågade han.

- Jag har gjort upp med en av sjömännen, förklarade hon, att jag får mat och en resa till Amerika och i gengäld får han ha sex med mig.

- Då har han verkligen lyckats, sa kaptenen, för det här är Djurgårdsfärjan!

Mikael, Trollhättan

En man kom ut ur duschen och sa till sin fru:

- Älskling, det är för varmt för att ha kläder på sig idag. Vad tror du grannarna skulle säga om jag klippte gräsmattan så här?

Frun svarar:

- Förmodligen att jag gifte mig med dig för dina pengar.

Henrik, Kristianstad

Jag var en väldigt lycklig man som hade bott ihop med min underbara flickvän i ett år när vi bestämde oss för att gifta oss. Det var bara en liten sak som oroade mig, hennes yngre syster. Hon var en tjugotvåårig yppig blondin som alltid gick omkring i kortkort och tunna toppar utan BH under. En dag bad hon mig komma över för att kika på en del av bröllopsplanerna. Hon var ensam hemma när jag kom dit och berättade att hon hade känslor för mig och lustar som hon gärna ville leva ut med mig innan jag gifte mig med hennes syster.

Hon sa:

- Nu går jag upp på mitt rum nu om du vill ha en sista flirt.

Hon gick sakta upp för trappan i sin mycket kortkorta kjol, stannade halvvägs och tog av sig trosorna och slängde ner dem mot mig. Jag stod där en stund lite handfallen, sedan skyndade jag mig ut till bilen. Där ute på gården stod hela familjen och applåderade, min blivande fru och min svärmor stod båda tårögda och min blivande svärfar gratulerade mig att jag klarat deras test galant.

Vad är då sensmoralen i denna historia ...

Jo, ha alltid dina kondomer i bilen!

Nicklas, Malmö

En man kommer in på sin favoritrestaurang och sätter sig vid sitt stambord. Han lägger snabbt märke till en mycket vacker kvinna som sitter alldeles ensam vid ett bord inte så långt bort. Mannen vinkar till sig servitören och ber att få beställa den mest exklusiva flaskan Bourgognevin till kvinnan, med förbehållet att om hon tar emot flaskan, så är hon hans för kvällen. Servitören ordnar snabbt fram flaskan åt kvinnan samt lämnar meddelandet från mannen. Kvinnan tittar på vinet och bestämmer sig för att skicka en lapp till mannen. På lappen står det:

"Jag tar endast emot denna flaska om du har en Mercedes i garaget, en miljon dollar på banken och 17 cm i byxorna."

Mannen skickar skrattande tillbaka lappen till kvinnan med svaret:

"Jag råkar ha en Ferrari Testarossa, en BMW 850iL och en Mercedes 600SL i garaget. Jag har över 25 miljoner på banken, men inte ens för en så vacker kvinna som du är jag beredd att skära av flera centimeter."

Peter, Boden

Det nyförälskade paret hade flyttat in i en lägenhet och efter några intensiva nätter med sex kom hyresvärden och knackade på dörren. Han förklarade att om de inte slutade upp med det högljudda sexet så skulle de bli vräkta. De nyförälskade blev förstås oroliga, men kom på en lysande idé: att slå på tvättmaskinen när de älskar. Efter några nätters testande kunde de konstatera att inga klagomål inkommit.

Så en kväll blev det tältresning i vanlig ordning. Killen lyfte på täcket och kröp in till sin tjej och sa:

- Älskling, ska vi tvätta?

Hon drog tillbaka täcket och sade att hon inte hade lust. Besviken och ledsen somnade han till slut.

På morgonen efter fick tjejen dåligt samvete för gårdagen, så hon kröp in till honom och förklarade att hon ville tvätta nu. Han vände sig då ifrån henne och sa kort:

- Jag har redan handtvättat!

Jari, Borlänge

En man satt i en bar och njöt av en drink efter jobbet då en extremt vacker och sexig kvinna kom in. Hon var så anslående att han inte kunde ta sina ögon ifrån henne. Den unga kvinnan uppmärksammade hans stirrande och gick direkt fram till honom. Innan han hann ursäkta sig för att han varit så oförskämd, sa den unga kvinnan till honom:

- Jag gör vad som helst, precis vad som helst, som du

vill att jag ska göra, spelar ingen roll hur sjukt, för 1 000 kronor. Men på ett villkor.

Helt förbluffad frågade mannen vad det var för villkor. Hon svarade:

- Du måste tala om för mig vad jag ska göra med bara tre ord.

Mannen övervägde erbjudandet en stund, drog fram sin plånbok från innerfickan och räknade långsamt fram tio hundrakronorssedlar och la dem i den unga kvinnans hand. Han tittade henne i ögonen och sa långsamt och tydligt:

- Måla mitt hus!

A-J, Täby

Det var på 50-talet i Norrköping. Ett gäng brukade gå och titta på fotboll på lördagarna när Norrköping spelade. Den här lördagen skulle Kalle, som var lite "efter" och pratade lite som om han var täppt i näsan, få följa med. De gick på matchen och hade väldigt trevligt, så de bestämde sig för att gå och äta efteråt. Kalle ville inte äta, han skulle gå och ta sig en dam i parken istället. Grabbarna tyckte det var en bra idé, så Kalle gick iväg. När grabbarna kom ut från restaurangen stod Kalle där och de frågade hur det hade varit. Kalle svarade:

- Hon skulle ha hundra kronor, men det tyckte jag var för dyrt, så då sa hon sjuttiofem.

- Det var väl bra, sa grabbarna.

- Nä, jag tyckte det också var för dyrt, svarade Kalle, så jag fick ner priset till sextio kronor.

- Ja, men det var ju billigt, sa grabbarna.

- Billigt och billigt, sa Kalle, det är ju för fan över åtta kronor jucket!

Patrik, Stockholm

En herre gick hemåt efter en kväll på krogen med hundra kronor kvar på fickan och var riktigt kåt. Han tänkte att horan i hörnet skulle kunna hjälpa honom med det problemet, så han gick fram till henne och frågade:

- Vad kostar ett samlag?

- 300, svarade horan.

- En avsugning då? frågade mannen.

- 200, svarade horan.

- Har du nåt för en hundralapp? frågade mannen efter en stunds funderande.

- Visst, svarade hon, pingvinen.

Mannen begrundade valet och lät kåtheten få välja, så han slängde fram sin hundralapp till horan. Hon drog av honom brallorna till anklarna och började suga. Just när han började slappna av så reser hon sig och går iväg. Mannen springer efter med brallorna nerdragna och skriker:

- Vart ska du?

Tomas, Norrköping

Den unge mannen frågar sin pappa:

- Pappa, hur många sorters bröst finns det?

Pappan blir lite förvånad över frågan, men svarar:

- Jo, min son, det finns tre sorters bröst. I 20-årsåldern har kvinnan bröst som meloner, runda och fasta. Runt 30–40-årsåldern är brösten som päron, fortfarande fina, men lite hängiga. Efter 50 blir brösten som lökar, när du ser dem får de dig att börja gråta.

Detta utlägg fick både modern och dottern att se rött, så dottern frågar mamman:

- Mamma, hur många typer av penisar finns det?

Mamman blir lite förvånad, men finner sig snabbt, ler och tittar på sin man och svarar:

- Jo, min dotter, en man går igenom tre faser han med. I 20-årsåldern är en mans penis som en ek, ståtlig och hård. Runt 30–40-årsåldern är penisen som en björk, flexibel, men pålitlig. Efter 50 blir penisen som en julgran, död från roten och kulorna hänger bara där som dekoration.

Maria, Kumla

En man sitter vid frukostbordet och läser morgontidningen när hans fru stegar fram till honom och klipper till honom i huvudet med en kastrull.

- Varför gjorde du så där? frågade mannen, och gnider sin ömma skalle.

- Jag hittade en lapp i din ficka igår med namnet Jennifer, svarade frun.

- Men älskling, säger mannen, jag var ju på kapplöpning igår och Jennifer var hästen jag satsade på.

Hans fru tror på förklaringen och ber skamset om förlåtelse. Tre veckor senare sitter han än en gång vid frukostbordet när hans fru ger honom ett våldsamt slag i huvudet med en stekpanna. Han sjunker ihop vid bordet.

- Varför gjorde du så där nu då? frågar han när han kvicknar till.

- Din häst ringde, svarade frun.

Niklas, okänd ort

En man ringde hem till sin fru och sa:

- Älskling, jag har blivit tillfrågad om jag vill hänga med på en fisketur till Kanada med min chef och några av hans vänner. Vi kommer att vara borta i en vecka. Det är ett bra tillfälle för mig för att få den befordran som jag väntat på, så snälla, kan du packa tillräckligt med kläder för en vecka och ställa fram mitt spö och min fiskelåda. Vi kör från firman så jag kommer förbi och hämtar upp mina saker om en stund. Och du, vill du vara snäll och packa ner min blå sidenpyjamas också?

Frun tycker att det låter lite konstigt, men som vanligt är hon den goda hustrun och gör precis det han bett henne göra. Följande vecka kom mannen hem lite trött, men såg ändå pigg och glad ut. Frun välkomnade honom och frågade ifall han fått några fina fiskar. Han svarade:

- Ja, massor av lax, några Bluegill och några svärdfiskar. Men varför packade du inte ner min blåa sidenpyjamas som jag bad dig om?

Frun svarade:

- Det gjorde jag, den ligger i din fiskelåda ...

Roffe, Sundsvall

Till min käraste fru:

Det sista året har jag försökt att få älska med dig 365 gånger. Jag har lyckats 36 gånger, det vill säga ca 10 % av mina försök. Här kommer listan över varför jag inte lyckats fler gånger:

7 gånger var det för sent

49 gånger var du för trött

20 gånger var det för varmt

15 gånger låtsades du sova
22 gånger hade du ont i huvudet
17 gånger var du rädd att väcka ungarna
16 gånger var du för öm
12 gånger var det fel tidpunkt i månaden
69 gånger måste du upp tidigt dagen efter
9 gånger var du inte på humör
7 gånger var du för solbränd
6 gånger måste du se den sista filmen på TV
5 gånger ville du inte rufsa till frisyren
3 gånger ville du inte för att grannen kunde höra oss
9 gånger kunde din mor höra oss

Av de 36 gångerna jag lyckades, var jag ändå inte nöjd därför att:

6 gånger låg du bara där
8 gånger sa du något om en spricka i ett tak
4 gånger bad du mig skynda mig
7 gånger måste jag väcka dig för att säga att jag var färdig
1 gång var jag rädd att jag skadat dig, för jag kände att du flyttade dig undan

Till min käre man:

Jag tror du har blandat ihop korten lite, här är anledningen till att du inte fick mer än du fick:

5 gånger kom du hem full och försökte sätta på katten
36 gånger kom du inte hem alls
21 gånger kom du inte
33 gånger kom du för fort
19 gången försvann erektionen innan du fick in den
38 gånger arbetade du övertid
10 gånger fick du kramp i stortån
29 gånger måste du kliva upp tidigt för att spela golf
2 gånger har du varit i slagsmål och någon hade sparkat dig på pungen
4 gånger har du satt fast familjejuvelerna i blixtlåset
3 gånger var du förkyld och näsan rann
2 gånger hade du en sticka i fingret
20 gånger hade du tappat lusten för att du hade tänkt på det hela helgen
6 gånger gick det för dig i pyjamasen medan du läste porrtidningen
98 gånger var du upptagen med att se på fotboll på TV
Och de gånger vi hade sex tillsammans:

Anledningen till att jag låg stilla var att du bommade och knullade lakanet.

Jag pratade inte om nån spricka i ett tak, jag sa ”vill du ha mig på rygg eller ta mig där bak”.

De gångerna du kände att jag rörde på mig var för att jag höll på att kvävas och försökte att få luft.

Mange, okänd ort

Det var tre män som diskuterade vems kärring som var mest korkad. Den ene sa:

- Min kärring är så jävla korkad att hon kom hem med fyra vinterdäck, och vi har inte ens någon bil.

Den andre sa:

- Ja ja, men min kärring är så korkad att hon kom hem med två dyra datorspel, fast vi inte har någon dator.

Den tredje sa:

- Min kärring slår allt. Hon är så jävla blåst att när hon och en väninna skulle resa till Kreta så köpte hon med sig ett paket kondomer. Men hon har ju för fan ingen kuk ...

Mats, Stockholm

Skillnaden mellan mod, cool och riktigt cool.

Mod är att komma hem full mitt i natten när din fru står och väntar på dig med en sopkvast i handen och du frågar:

- Städar du eller ska du flyga någonstans?

Cool är du om du kommer hem full mitt i natten, luktar parfym, har läppstift på kragen och daskar din fru i ändan, blinkar med ena ögat och säger:

- Du blir nästa!

Riktigt cool är du om du kommer hem full mitt i natten, din fru ligger i sängen och du märker att hon är vaken. Du tar en stol och sätter dig framför hennes del av sängen. På frågan: Varför sitter du där? svarar du:

- Snart börjar scenen och då vill jag sitta på första raden!

Camilla, Stockholm

En man och hans fru gick varje dag för att spela golf. Fast, varje dag i fem veckor hade nu frun sagt att hon var sjuk, medan hon egentligen var otrogen. Mannen som inte visste något, gick iväg och spelade som vanligt. Frun hade det hej vilt i sängen när mannen en dag kom hem en timme för tidigt. Frun knuffade in sin älskare i garderoben, men snoppen hamnade utanför. Mannen kom upp och upptäckte genast något som stack ut från garderoben.

- Vad är detta? skrek mannen.

- Det är en gammal kinesisk klocka som jag köpt idag, svarade den nervösa frun.

Mannen lade örat mot garderoben.

- Men den tickar ju inte, sa mannen och såg misstänksam ut.

- Jag vet, den är sönder, svarade frun som nu började småsvettas.

Mannen slog då till det som han trodde var en klocka, men inget hände. Då sparkade han allt vad han orkade på den, men inget hände. Då tog han fram sin golfklubba och slog till klockspelet allt vad han kunde. I detta ögonblick hördes ett vrål inifrån garderoben, som följdes av ett:

- Tick, tack, för helvete!

Kalle, okänd ort

En man tog sin fru till en lantbruksutställning en eftermiddag. De gick till tjurarna och tittade när en bonde kom fram till dem och sa:

- Den här tjuren parade sig 50 gånger förra året.

- Åååhh, svarade frun och tittade menande på maken.

Nästa tjur hade parat sig 60 gånger förra året och frun utbrast:

- Oj, oj, oj, det är ju 5 gånger i månaden, den skulle du lära dig av, sa hon till sin man.

Nu surnade maken till ordentligt, men sa ingenting. Nästa tjur hade parat sig 365 gånger enligt bonden och frun blev helt stirrig och skrek:

- Ååähh, den tjuren borde du verkligen lära av!

Då sa maken, som nu var alldeles rosenrasande, till frun:

- Fråga tjuren om han måste sätta på samma kossa varje gång?

Elisabeth, Stockholm

En man och hans fru äter middag på en fashionabel restaurang, när en bedårande vacker ung dam kommer fram till deras bord och ger maken en kyss mitt på munnen. Hon säger något om att ses senare och går sedan iväg.

- Vem i helvete var det där? fräser frun.

- Det var min älskarinna, svarade maken.

- Nää, det här var droppen, skriker frun, nu vill jag ha skilsmässa!

- Det kan jag i och för sig förstå, säger maken. Men kom ihåg att då blir det inga fler shoppingturer till Paris, inga fler långsemestrar på Barbados, inga fler weekendturer med segelbåten och ingen BMW i garaget. Det är du som väljer.

Precis när han sagt det kommer en gemensam bekant in i restaurangen tillsammans med en ung brunett.

- Vem är det Bernt har med sig? frågar frun.

- Det är hans älskarinna, svarar maken.

Då säger frun:

- Vår är sötare!

Johanna, Nyköping

Två gamla pokerspelare träffas igen efter många år. Gösta säger:

- Äntligen kan vi träffas igen för ett härligt parti poker, när passar det?

- Nja, svarar Olle, det är nog inte så bra, min fru blir så grinig.

- Jaså, hur kan det komma sig? frågar Gösta.

- Hon blir sur för att jag kommer hem så sent, svarar Olle.

- Hur beter du dig när du kommer hem efter en pokerkväll då? frågar Gösta.

- Jag smyger in nyckeln i låset, smyger upp för trapporna så tyst jag bara kan, klär av mig ljudlöst, lyfter på täcket och smyger in. Ändå vaknar hon och då blir det ett jävla väsen, säger Olle.

- Du gör ju helt fel, säger Gösta.

- Hur gör du då? frågar Olle.

Gösta svarar:

- Jag stormar in genom ytterdörren, klampar upp för trappan, slänger upp sovrumsdörren, sliter av mig kläderna, lyfter på täcket och vrålar: "Gud så gott att vara hemma så en kan få sig ett rejält skjut!" Då sover kärringen som aldrig förr.

Ingela, Norrköping

Mannen klagade bittert hos bartendern över att han mött sin hustru på en bordell.

- Det är väl inget att vara olycklig över, sade bartendern, egentligen är det ju ganska så romantiskt.

- Romantiskt? fräste mannen. Jag trodde att hon var hemma och tog hand om barnen och hon trodde att jag var och bowlade med jobbet. Och till råga på allt vägrade bordellmamman att ge mig pengarna tillbaka eller en ny kvinna.

Urban, okänd ort

Det var ett par som hade varit gifta i över 20 år. Varje gång de skulle älska insisterade mannen på att de skulle ha lampan släckt. Nåväl, efter 20 år kände kvinnan att det där var ju löjligt. Hon funderade på hur hon skulle få honom att sluta med denna tokiga vana. Så en natt när de var mitt uppe i vild älskog, tände hon ljuset. Hon tittade ner och såg att hennes man höll i en batteridriven låtsaspenis med vibrator – mjuk, underbar och större än en riktig. Hon gick i taket:

- Din impotenta idiot, skrek hon åt sin man. Hur har du

kunnat ljuga för mig i alla dessa år? Förklara dig!

Mannen tittade henne rakt i ögonen och svarade lugnt:

- Jag förklarar leksaken om du förklarar barnen.

Sara, Furuvik

En liten pojke och hans pappa går in på Apoteket och går förbi stället med kondomer. Pojken ser en trepack och frågar pappan vem som behöver just en trepack. Pappan svarar:

- Den är till högstadieeleverna: en för fredagskvällen, en för lördagskvällen och en för söndagskvällen.

Pojken frågar vidare:

- Men vem behöver då sexpacken?

Pappan svarar:

- Den är till gymnasieeleverna, två för fredagen, två för lördagen och två för söndagen.

Pojken tittar vidare i stället och hans ögon spärras upp när han får syn på tolvpacken. Han känner sig bara tvungen att fråga:

- Men pappa, vem ska då ha tolv kondomer?

Pappan svarar:

- Lugn min son, det där paketet är för gifta män, en för januari, en för februari ...

Mange, okänd ort

Sven vaknar upp hemma med en baksmälla av storlek XXL. Han tvingar sig till att öppna ögonen och det första han ser är ett par Alvedon och ett glas med vatten på nattduksbordet.

Han sätter sig upp och ser sina kläder rena och nystrukna. Han ser sig runt i rummet där allt är i perfekt ordning, fläckfritt, städat och rent. Han tar sin Alvedon och läser en lapp på sängbordet:

"Älskling, frukost står på spisen, jag gick tidigt för att handla. Älskar dig!"

Så han stapplar till köket och mycket riktigt så finns varm frukost på spisen och en tidning till honom.

Deras son sitter vid bordet och äter frukost, Sven frågar honom:

- Vad hände egentligen i går kväll?

Sonen svarar:

- Jo, du kom hem klockan tre, aspackad och sinnesförvirrad. Du hade sönder möbler, spydde i hallen och fick ett svart öga när du gick rakt in i dörren.

Förvirrad frågar Sven:

- Så varför är allt i ordning och så rent? Dessutom står frukosten färdig och väntar på mig.

Sonen svarar:

- Ahh, du undrar över det. Mamma släpade in dig i

sovrummet och när hon försökte att ta av dig byxorna så sa du: "Lämna mig ifred, damen – jag är gift."

Sanna, Helsingborg

En man stod och lagade frukost åt sin fru när han grep tag i hennes rumpa och sa:

- Om du såg till att få den här lite fastare skulle vi kunna göra oss av med din gördel.

Hans fru blev givetvis förolämpad av utspelet, men bestämde sig för att inte säga något. Morgonen därpå upprepades proceduren, men denna gång gällde det fruns bröst.

- Om du såg till att få de här lite fastare skulle vi kunna göra oss av med din BH.

Då blev frun så förbannad att hon kände att hon inte kunde hålla tyst, så hon tog tag i skrevet på sin man och sa:

- Om du såg till att få den här lite fastare så skull vi kunna göra oss av med både brevbäraren, trädgårdsmästaren, poolskötaren och din bror!

Helena, Luleå

5 hemligheter hur man får ett förhållande att fungera:

1. Det är viktigt att hitta en man som hjälper till i hushållet, som lagar mat, diskar, städar och har ett bra jobb.
2. Det är viktigt att hitta en man som kan få dig att skratta.
3. Det är viktigt att hitta en man du kan lita på och som inte ljuger.
4. Det är viktigt att hitta en man som är bra i sängen och som älskar att ha sex med dig.
5. Det är viktigt att dessa fyra män inte känner varandra.

Mia, okänd ort

Vilket kön har en dator?

En språklärare försökte förklara det där med "kön" för sina elever. Till exempel, påpekade läraren, benämns båtar, flygplan och orkaner som "hon". En av eleverna frågade vilket kön en dator har och läraren gjorde detta till dagens uppgift att ta reda på. Han delade in klassen i två grupper, en med killar och en med tjejer. Uppgiften var att ge datorn ett kön och motivera varför. Tjejerna kom fram till att en dator definitivt är en "han" eftersom:

1. De kan en hel del, men vet sällan hur de skall använda sin talang utan att få instruktioner.
2. Det är meningen att de ska hjälpa till att lösa problem, men hälften av tiden är de själva det största problemet.

3. För att få deras uppmärksamhet måste man först sätta på dem.
4. Så fort du skaffat dig en, vet du att om du bara väntat lite längre skulle du kunna hitta en bättre modell.

Killarna, å andra sidan, ansåg att en dator är en "hon" eftersom:

1. Ingen, utom dess skapare, kan förstå den inbyggda logiken.
2. Det språk en dator använder för att kommunicera med en annan dator är obegripligt för alla som inte är datorer.
3. Minsta lilla misstag lagras i ett långtidsminne och kommer att ställa till problem långt efteråt.
4. Så fort du fastnat för en, kommer du att tvingas lägga halva lönen på mer eller mindre nödvändiga tillbehör.

Så vilket kön har en dator?

Agneta, okänd ort

Jag är en ganska så erfaren människa, har sett mycket här i världen, men det var en sak jag inte provat. Telefonsex. Det måste jag testa, sa jag till mig själv och började slå numret. En tjej som hette Katarina svarade och förklarade att hon blev så upphetsad av min röst. Hon bad att jag också skulle placera mig bekvämt. Hon sa att hon var alldeles naken och att jag också skulle ta av mig mina kläder. Jag började komma i extas och där stod jag alldeles naken när det plötsligt händer – någon jävel börjar banka på telefonkioskens dörr! Det är ju inte klokt vilka människor det finns!

Roffe, Sundsvall

Kortisar

Tiderna förändras, förr i tiden fick man glänta på trosorna för att se den sköna baken. Idag får man glänta på den sköna baken för att kunna se trosorna.

Ville, Stockholm

Vet du vad den bästa åldern på en finsk kvinna är?

Sug o sex.

Pär, Nyköping

Vet du vad höjden av kvinnlig kåthet är?

När man sitter på vardagsrumsgolvet och får vattenplaning.

Helene, Sandviken

Hur vet man att en tjej suger bra?

Jo, lakanet åker in mellan skinkorna.

Marko, Norrtälje

Vad är skillnaden mellan en kvinna och en mås?

Den ena rotar i allt, skränar och skriker, lämnar en aldrig ifred, bråkar med allt och alla. Den andra är en fågel.

Rebecca, Nyköping

När jag föddes fick jag välja mellan att vara enormt bra i sängen eller att ha ett otroligt bra minne, kommer bara inte ihåg vad jag valde ...

Annki, Stockholm

Varför snarkar män så fort de lägger sig på rygg?

Deras pungkulor faller ner över skithålet och täpper till deras extra lufthål.

Carina, Östersund

Orsaken till att män lånar ut tröjan till kvinnor som fryser, är att det gör så ont att bli avsugen av en som hackar tänder.

Carina, Östersund

Vad är det för likhet med att vara otrogen och att hoppa bungy jump?

Först vet man inte om man vågar men sen går det åt helvete om inte gummit håller.

Mikael, Eskilstuna

Vet ni vad det är för likhet mellan att hoppa bungy jump och pippa en polsk hora?

Om gummit spricker är du dödens.

Mikael, Eskilstuna

Tjejen till killen:

- Har du hört den om snoppen?
- Nää.
- Dra ner gylfen så kan jag dra den.

Mikael, Eskilstuna

Vet ni varför jultomten har så stor pung?

Han kommer bara en gång om året.

Mikael, Eskilstuna

Bättre en tårta i vasken än en vårta på tasken.

Olle, Uddevalla

Vet du varför kvinnor föredrar jägare som älskare?

Jo, därför att jägaren kryper längre in i busken, skjuter gärna två gånger och smakar av sitt byte.

Mikael, Eskilstuna

Mannens tre största lögner till kvinnan:

1. Jag älskar dig.
2. Jag kommer aldrig att vara otrogen mot dig.
3. Sug du, jag säger till innan jag kommer.

Mikael, Eskilstuna

Vem bor sämst?

Snoppen, han bor tillsammans med två nötter och har ett rövhål till granne.

Mikael, Eskilstuna

Kvinnan i affären:

- Varför i all sin dar är denna lilla handväska så himla dyr?

Expediten:

- Ååh, den är gjord av penisskinn, smeker du den blir den till en resväska!

Helena, Stockholm

- Du är den tredje nyknullade damen jag drar upp ur diket idag, sa bonden.

- Jag är då inte nyknullad, säger damen.

- Nej, men så är du inte uppe ur diket än heller ...

Christian, Heby

Vad är det för likhet mellan en blondin och ett par vindrutetorkare?

Båda skriker när man sätter på dem torra.

Mikael, Eskilstuna

Kärringen efter samlaget:

- Det var inte nåt stort instrument du hade att komma med.

Gubben:

- Nääe, men så har jag aldrig spelat i så stora lokaler förut heller.

Mats, Stockholm

Vad har kvinnor och kondomer gemensamt?

De tillbringar mer tid i plånboken än på mannens penis!

Anders, Kristianstad

Vet du vad blondinens blygdläppar säger till varandra inför en veckas resa till Mallorca?

Vi ses om en vecka.

Mikael, Eskilstuna

Om man lyckas samla ihop 365 begagnade kondomer, återvinner dem och gör ett däck till bilen, vad får man då?

Good Year!

Jim, Västerås